中国历代词、曲精品秀

时　存　主编

贵州出版集团
贵州人民出版社

出版说明

　　兴趣是最好的老师,知识的学习更是如此。如果学习者缺乏兴趣,阅读就将是一个枯燥无味的过程,轻松快乐的学习也就无从谈起。基于这样的事实,本着"兴趣阅读、快乐学习"的理念,我们经过深入调研,与国内的众多专家学者及一线教师全力合作,为所有希望将学习变得轻松愉快的朋友奉献上"快乐阅读"书系。

　　"快乐阅读"书系,以知识的轻松学习为核心,强调阅读的趣味性。它力求将各种枯燥无味的知识以轻松快乐的方式呈现,让读者朋友便于理解接受。它的各种努力,只有一个目标,即力图将知识学习过程轻松化、趣味化。读者朋友在阅读过程中,既能保持心情愉快,又能学有所得。在轻松愉快的氛围中学习,让知识学习成为读者朋友的兴趣,本身就是提高学习效率最有效的途径。

　　"快乐阅读"书系首批图书分为"语文知识"、"作文知识"、"数学知识"、"文学导步"、"文学欣赏"、"语言文化"、"个人修养"七大板块,各个板块之下又有细分。英语、生物、化学等相关的知识板块将会在以后陆续推出。针对不同学科知识的特点,本书系以不同的方式来达到轻松快乐的目的。要么是以故事的形式,在故事的展开之中融入相关知识;要么是理清该知识点的背景,追根溯源,让读者朋友知其然,更知其所以然,让理解更为轻松。总而言之,就是以最恰当的方式呈现相关的知识。

　　希望这套"快乐阅读"书系能陪伴每一位读者朋友度过美好的阅读时光。

编　者

2020 年 10 月

目　录

词

宋、金

中国历代词、曲精品秀

曲

唐、五代

李白

李白(701—762),字太白,中国历史上著名的伟大诗人。祖先是陇西成纪(今甘肃秦安县东)人,他生于中亚细亚的碎叶城(故址在托克马克),在四川长大。壮年出游,曾做过唐玄宗的翰林供奉。"安史之乱"中,因参加永王李璘的军队,为李璘谋反事牵连入狱,流放夜郎(今贵州遵义附近),中途遇赦归。流寓当涂(今安徽当涂县)县令李阳冰所,最后就死在当涂。传见《旧唐书·文苑传》《新唐书·文艺传》。

菩 萨 蛮

【解题】

《菩萨蛮》,唐玄宗时教坊曲名,后用为词调。这是一首游子思乡怀人之作,流露出穷途无归的苦闷。全词构思巧妙,情景交融。陈廷焯指出:"太白《菩萨蛮》《忆秦娥》两阕,神在个中,音流弦外,可以是为词中鼻祖"(《白雨斋词话足本》卷七)。

平林漠漠烟如织[1],寒山一带伤心碧[2]。暝色入高楼[3],有人楼上愁[4]。玉阶空伫立[5],宿鸟归飞急[6]。何处是归程[7],长亭更短亭[8]。

【注释】

[1]平林:平原上的树林。漠漠:烟气迷漫的样子。

[2]寒山一带:荒寒的山如带子一样绵延不断。伤心碧:见到碧色的寒山而产生的一种伤心之情。

[3]瞑色:傍晚之色。暮色。

[4]有人:指游子的妻子。也有学者认为是指游子本人。

[5]空伫立:茫然长久地站立。空:一种茫然的心情。

[6]宿鸟:归巢之鸟。

[7]归程:归家的路。

[8]长亭、短亭:古时设在大路边供行人休息的场所。

忆 秦 娥

【题解】

《忆秦娥》,词调名。因李白此词中有"秦娥梦断秦楼月"句,故名。此词于怀人中见吊古之意,气象恢宏。"西风残照,汉家陵阙,寥寥八字,遂关千古登临之口"(王国维《人间词话》卷上)。

箫声咽,秦娥梦断秦楼月。秦楼月,年年柳色,灞陵伤别[1]。乐游原上清秋节,咸阳古道音尘绝。音尘绝,西风残照,汉家陵阙。

【注释】

[1]灞陵:古地名,故址在今陕西西安市东。

张志和

张志和(生卒年不详),初名龟龄,字子同,自号玄真子。婺州(今浙江金华)人。唐肃宗时待诏翰林,因事被贬,遇赦后隐居江湖,自称烟波钓徒。据传,每垂钓,不设饵,志不在得鱼。通音乐,能书画,善歌词。其诗今存九首,其词今存《渔父》五首。他的词多为表现自己的生活情趣,描写水乡风光之作,在早期文人词中颇负盛名。

渔父五首(其一)

【题解】

《渔父》,唐教坊曲名,又名《渔父歌》《渔歌子》。据说此调出自民间渔歌。大历九年(774年)秋,张志和谒湖州刺史颜真卿,撰《渔父》五首,后传入日本。嵯峨天皇于弘仁二十四年(823年)作《和张志和渔歌子五首》,为日本填词之祖。此词是作者隐居生活的写照。

西塞山前白鹭飞[1],桃花流水鳜鱼肥[2]。青箬笠[3],绿蓑衣[4],斜风细雨不须归。

【注释】

[1]西塞山:山名,在今浙江吴兴。
[2]鳜鱼:又称桂鱼,肉味鲜美。鳜,音"桂"。
[3]箬笠:用竹编成的斗笠。
[4]蓑衣:用棕毛或草编成的雨披子。

中国历代词、曲精品秀

白居易

白居易(772—846),字乐天,号香山居士,又号醉吟先生,祖籍山西太原,到其曾祖父时迁居下邽,生于河南新郑。是唐代伟大的现实主义诗人,与元稹共同倡导新乐府运动,世称"元白",与刘禹锡并称"刘白"。白居易官至翰林学士、左赞善大夫。有《白氏长庆集》传世,代表诗作有《长恨歌》《卖炭翁》《琵琶行》等。

忆 江 南

【解题】

《忆江南》,词牌名。该词叙写了优美的南方风光,写景生动明快,感情自然真挚,语言质朴优美。

江南好,风景旧曾谙[1]。日出江花红胜火,春来江水绿如蓝[2]。能不忆江南。

【注释】

[1]谙:熟悉。

[2]如:于,比。蓝:蓝草,可作染料。

温庭筠

温庭筠(约812—866),本名岐,字飞卿,唐代诗人、词人,太原祁县(今山西祁县东南)人。富有天才,文思敏捷,每入试,押官韵,八叉手而成八韵,所以也有"温八叉"之称。然恃才不羁,又好讥刺权贵,多犯忌讳,取憎于时,故屡举进士不第,长被贬抑,终生不得志。官终国子助教。精通音律,其词艺术成就在晚唐诸词人之上,为"花间派"首要词人,对词的发展影响较大。在词史上,与韦庄齐名,并称"温韦"。存词七十余首。后人辑有《温飞卿集》及《金奁集》。

005

梦 江 南

【解题】

《梦江南》,见前白居易《忆江南》题解。这首词写一女子登楼远眺,盼望有情人归来而最终愿望落空的情景。该词写景简洁明快,抒情深隐含蓄。

梳洗罢,独倚望江楼。过尽千帆皆不是,斜晖脉脉水悠悠[1]。肠断白苹洲!

【注释】

[1]斜晖:夕阳余晖。脉脉:含情之状。这句的意思是说对着夕阳欲下,仍含情而视,但终不见来船,只见一片江水悠悠。

韦 庄

韦庄(836—910),字端己,京兆杜陵(今陕西西安)人,韦应物之四世孙。880 年应举入长安,时值黄巢攻占长安,他身陷兵乱,弟妹失散。882 年逃至洛阳,次年作《秦妇吟》。后去润州,入镇海节度使幕。894 年应试及第,任校书郎。897 年奉使入蜀,始识王建。唐亡,王建建立前蜀,任为宰相。作品集有《浣花集》。韦庄的词与温庭筠并称"温韦",是《花间集》中成就最高的两位词人。韦庄词以风格直率显豁和语言清丽自然,区别于温庭筠的曲折隐蔽、秾丽绮艳。清周济《介存斋论词杂著》论温、韦有"严妆"与"淡妆"之别,王国维《人间词话》亦认为温、韦词品有"画屏金鹧鸪"与"上黄莺语"之别。存词 54 首,有《浣花集》。

菩 萨 蛮

【题解】

此词为韦庄避乱南方时所作。写江南之美,同时也表达了他对故乡的思恋之情。词的上片极写江南好,至末两句,才反跌出作者的本意。今日之所以"莫还乡",是因为故乡已不堪回首,"还乡须断肠",而前面的江南好云云,不过是强作安慰语罢了。

人人尽说江南好,游人只合江南老[1]。春水碧于天[2],画船听雨眠。　炉边人似月[3],皓腕凝霜雪[4]。未老莫还乡,还乡须断肠[5]。

【注释】

[1]只合:只应该。

[2]碧于天:一片碧绿,胜过天色。

[3]炉边人似月:谓酒家少女似月亮一样美。炉:也作"垆",酒店安放酒瓮的土台。

[4]凝霜雪:像凝聚的霜雪般洁白。霜雪,又作"双雪"。

[5]须:应,必定。

中国历代词、曲精品秀

冯延巳

冯延巳(903—960),又名延嗣,字正中,广陵(今江苏扬州)人。与弟延鲁皆极得南唐主的信任。初为李秘书郎,璟即位,用为翰林学士承旨,后进中书侍郎、拜平章事(宰相)。其词深婉蕴藉、缠绵悱恻。《人间词话》说:"冯正中词虽不失五代风格而堂庑特大,开北宋一代风气。与中、后二主词皆在《花间》范围之外,宜《花间集》中不登其字也。"刘熙载《艺概·词曲概》也说:"冯延巳词,晏同叔得其俊,欧阳永叔得其深。"今存词112首,有宋陈世修所辑《阳春集》。

鹊　踏　枝

【题解】

《鹊踏枝》,唐玄宗时教坊曲名,后用为词调,即《蝶恋花》。此词写闲情春愁,表达主人公缠绵的感情和执着的向往。

谁道闲情抛掷久[1],每到春来,惆怅还依旧。日日花前常病酒[2],敢辞镜里朱颜瘦。河畔青芜堤上柳,为问新愁,何事年年有[3]?独上小楼风满袖[4],平林新月人归后[5]。

【注释】

[1]闲情:闲愁。抛掷:忘却。

[2]病酒:因饮酒过量而感觉身体不适。

[3]河畔三句:谓新愁如河畔丛生的青草和堤上的杨柳一样年年存在。

[4]上:一作"立"。楼:一作"桥"。

[5]平林句:众人散去后,只有一弯新月静静地悬挂在树林的上空。

谒 金 门

【题解】

《谒金门》,原唐教坊曲名,后用为词调。此词写闺中妇女在春天愁苦无法排遣,希望所思念的人早日回来的情景。运用比兴和一连串的细节描写,极深刻地表达了女主人公复杂的内心感情。为一时传诵之作。陆游《南唐书·冯延巳传》:"元宗(中主李)尝因曲宴内殿,从容谓曰:'"吹皱一池春水",何干卿事?'延巳对曰:'安得如陛下"小楼吹彻玉笙寒"之句!'"

　　风乍起,吹皱一池春水[1]。闲引鸳鸯香径里[2],手挼红杏蕊[3]。斗鸭阑干独倚[4],碧玉搔头斜坠[5]。终日望君君不至,举头闻鹊喜[6]。

【注释】

[1]风乍起二句:象征思妇的春情荡漾。

[2]闲引:百无聊赖地逗引。香径:花丛中的小路。

[3]手挼句:双手漫不经心地搓揉红杏花蕊。挼,音"若"的阳平。

[4]斗鸭阑干:古代富贵人家喜欢在池中养鸭,使之相斗为戏,四周围以阑干,故云。

[5]碧玉句:谓发髻蓬松,玉簪歪斜欲坠却浑然不觉。形容懒散的情绪。

[6]闻鹊喜:《开元天宝遗事》:"时人之家,闻鹊声皆为喜兆,故谓灵鹊报喜。"

李 煜

　　李煜(937—978),字重光,初名从嘉,号锺隐,又称莲峰居士,是中主李璟的第六子,徐州人。他是南唐的最后一个国主,世称李后主。南唐亡后被俘北上,封违命侯,过了三年的囚徒生活,相传终被宋太宗用药毒死。李煜多才多艺,工书善画,精通音律,善于诗文,尤工于词。其词的创作常随生活环境和际遇的不同而发生变化,早期词以反映沉溺声色、纵情逸乐的宫廷生活为主,思想意义不大。沦为"臣虏"以后,词作转为抒发亡国之痛,毫无拘束,饱含血泪地直接倾泻其愤懑、感伤。正如王国维在《人间词话》所说:"词至李后主而眼界始大,感慨遂深,遂变伶工之词而为士大夫之词。"其作品直抒胸臆,不加雕饰,遣词准确、洗炼、生动如画,风貌天然。流传下来比较可靠的词有 30 多首,见于后人所辑《南唐二主词》中。

虞 美 人

【题解】

　　《虞美人》,唐教坊曲名,用为词调首见毛文锡词(见《花间集》卷五)。毛先舒《填词名解》:"项羽有美人名虞,被汉围,饮帐中,歌曰'虞兮虞兮奈若何。'虞亦答歌,词名取此。"此词作于后主降宋,相传和他的惨遭杀害不无关,明陈霆《唐馀记传》云:"煜以七夕日生。是日燕饮声伎,彻于禁中。太宗衔其有'故国不堪回首'之词,至是又愠其酬畅,乃命楚王元佐等携觞就其第而助之欢。酒阑,煜中牵机药毒而死。"

春花秋月何时了[1]？往事知多少！小楼昨夜又东风，故国不堪回首月明中。雕阑玉砌依然在[2]，只是朱颜改[3]。问君能有几多愁[4]？恰似一江春水向东流。

【注释】

[1]月：一作"叶"。

[2]雕阑玉砌：雕花的栏杆，玉石的台阶。这里代指南唐故都金陵城内的宫苑建筑。依然：一作"应犹"。

[3]朱颜改：改变了红润的面颜，犹言人已憔悴。这里泛指人事的变迁，含有山河易主之意。清王闿运《湘绮楼词选》前编："朱颜本是山河，因归宋不敢言耳。若直说山河改，反又浅也。"

[4]问君：一作"不知"。能，原作"都"，据别本改。几，一作"许"。

乌 夜 啼

【题解】

《乌夜啼》，本六朝乐府旧题（见《乐府诗集》卷四十七），后为词调首见于李煜词。一名《相见欢》。从表面看来，本篇题旨在于咏别情，但细品味之，则"人生长恨水长东"的深切悲慨，又决非一般的闺怨、离情，其伤春、伤别，可谓"刻意为之"，很难说没有托意。

林花谢了春红[1]，太匆匆。无奈朝来寒雨晚来风[2]。胭脂泪[3]，留人醉[4]，几时重[5]，自是人生长恨水长东[6]。

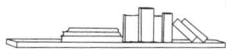

【注释】

[1]林花句:从唐杜甫《曲江对雨》中"林花着雨胭脂湿"演化而来,象征美好时日已去。谢:凋谢,飘落。春红:春天的花朵。

[2]无奈句:承上而言"太匆匆"的原因,在于风雨的摧残。

[3]胭脂泪:将花拟人,把春红着雨比做美人面颜上胭脂和泪。

[4]留:遗留。醉:沉醉。

[5]几时重:何时再得重逢。

[6]自是句:以水之必然长东,喻人之必然长恨。"自是"二字,尤能揭出人生苦闷之义蕴。

浪 淘 沙

【题解】

《浪淘沙》,又名《浪淘沙令》《卖花声》《过龙门》等,唐教坊曲名,后用为词调。这首《浪淘沙》,在有的传本中还有一个标题叫做《怀旧》,相传是后主的绝笔,蔡绦《西清诗话》云:"南唐李后主归朝,每怀江国,且念嫔妾散落,郁郁不自聊。作长短句'帘外雨潺潺'云云。含思凄惋,未几下世。"此词就是这位薄命君王对自己囚禁生活的写照和对故国思念之情的抒发,基调深沉,词意悲切。

帘外雨潺潺[1],春意阑珊[2]。罗衾不耐五更寒[3]。梦里不知身是客[4],一晌贪欢[5]。独自莫凭阑,无限江山。别时容易见时难。流水落花春去也,天上人间[6]!

【注释】

[1]潺潺:雨声。

[2]阑珊:衰残将尽的样子。

[3]罗衾:丝绸的被子。衾,音"亲"。

[4]梦里句:梦中忘记了自己是囚徒。"客"是委婉的说法。

[5]一饷:片刻。饷,音"响"。

[6]流水两句:承上句"别时容易见时难"而言。昔日做帝王,今朝为囚徒,这岂不是天上人间的差别!以往的荣华,就像流水落花一样,那大好春光已经一去不复返了。

相见欢

【题解】

陈廷焯《云韶集》卷一评此词:"凄凉况味,欲言难言,滴滴是泪。"宋人黄昇《唐宋诸贤绝妙词选》说:"此词最凄惋,所谓'亡国之音哀以思'。"上阕情随景生,情景交融;下阕只用一个具体的比喻,却深刻反映出作者深深的寂寞,万般的无奈,无法排遣的离愁。

　　无言独上西楼,月如钩。寂寞梧桐深院,锁清秋[1]。剪不断,理还乱,是离愁[2];别是一般滋味,在心头[3]。

【注释】

[1]寂寞两句:梧桐落叶最早,有"梧桐一叶落,天下尽知秋"之说。以梧桐叶落,表示秋天的来临。种着梧桐树的寂静庭院被秋色所笼罩。

[2]剪不断三句:"离愁"此指去国之愁。而离愁深深萦绕着自己,遂用"剪"、"理"等具

体比方来表示自己的愁绪纷乱,难以排遣。

[3]别是句:另本作"别有"。"剪"、"理"还可用动作来形容,这种滋味此处却无可形状。明沈际飞《草堂诗馀续集》卷下:"七情所至,浅尝者说破,深尝者说不破,破之浅,不破之深。'别是'句妙。"

宋、金

范仲淹

范仲淹(989—1052),字希文,吴县(今江苏苏州)人。宋真宗大中祥符八年(1015年)进士。仁宗康定元年(1040年),以龙图阁直学士身份与韩琦并为陕西经略安抚副使,同抗西夏,共守西北边疆。他力主革新政治,是北宋著名的政治家。官至参知政事,谥文正。其诗、词、文均有名篇传世,有《范文正公集》。词流传甚少,仅5首,词集有《强村丛书》本《范文正公诗馀》。

苏 幕 遮

【题解】

《苏幕遮》,唐教坊曲名,来自西域,后用为词调。初为七言绝句体,后衍为长短句。幕,一作"莫"或"摩"。洪迈《容斋四笔》卷十五"浑脱队"条:"唐中宗时,清源尉吕元泰上书言时政曰:比见坊邑相率为浑脱队,骏马胡服,名曰苏幕遮。"敦煌曲子词中有《苏莫遮》,双调六十二字,宋人沿用此体。此词为思乡怀远之作,词中以动人的秋景衬托客愁的深长,尤为感人。清彭孙遹《金粟词话》:"范希文《苏幕遮》一调,前段多入丽语,后段纯写柔情,遂成绝唱。"调下原题"怀旧",黄昇《唐宋诸贤绝妙词选》题作"别恨"。

碧云天，黄叶地，秋色连波，波上寒烟翠。山映斜阳天接水[1]，芳草无情，更在斜阳外[2]。黯乡魂[3]，追旅思[4]，夜夜除非、好梦留人睡。明月楼高休独倚，酒入愁肠，化作相思泪。

【注释】

[1]山映句：谓斜阳照山，秋水连天。

[2]芳草二句：谓芳草漫无边际远在斜阳之外。芳草在古人笔下多为触发离愁之物。汉乐府民歌《饮马长城窟行》："青青河畔草，绵绵思远道。"又，杜牧《池州送前进士蒯希逸》："芳草复芳草，断肠还断肠。自然堪下泪，何必更斜阳。"此化用其意。

[3]黯乡魂：因思念家乡而心情忧郁。江淹《别赋》："黯然销魂者，唯别而已矣。"

[4]追旅思：为羁旅的愁思缠扰不休。追：追随，缠扰。思，音"四"。

渔家傲·秋思

【题解】

《渔家傲》，此调未见于唐五代人词，北宋时晏殊、欧阳修多填此调。《词谱》卷十四云："此调始自晏殊，因词有'神仙一曲渔家傲'句，取以为名。"此词为作者任陕西经略副使兼知延州时期作。魏泰《东轩笔录》卷十一云："范文正守边日，作《渔家傲》乐歌数阕，皆以'塞下秋来'为首句，颇述边镇之劳苦。"词写戍边生活的艰苦，功业未就的怅恨，怀念故乡的思绪。意境雄阔悲壮，格调苍凉沉郁。

塞下秋来风景异[1]，衡阳雁去无留意[2]。四面边声连角起[3]。千嶂里[4]，长烟落日孤城闭。浊酒一杯家万里，燕然未勒归无计[5]。羌管悠悠霜满地^[6]，人不寐，将军白发征夫泪！

【注释】

[1]塞下：边地。此指西北边境。

[2]衡阳句：今湖南衡阳南衡山七十二峰之首名回雁峰，相传秋天北雁南飞到此而止（见王象之《舆地纪胜》卷五十五《荆湖南路·衡州》）。

[3]边声：边塞的风声、马鸣声、胡笳声等，其声多悲凉。李陵《答苏武书》："凉秋九月，塞外草衰。夜不能寐，侧耳远听，胡笳互动，牧马悲鸣，吟啸成群，边声四起。"角：军中号角。见《宋书·乐志》。

[4]嶂：像屏障一样的山峰。

[5]燕然未勒：谓没有破敌建功。东汉车骑将军窦宪追击北单于，登燕然山，刻石纪功而回。见《后汉书·窦宪传》。燕然，山名，指今蒙古国境内的杭爱山。勒，刻。

[6]羌管：笛子。相传笛子最初为羌人（古代西北少数民族）制作，故称。

柳 永

柳永(987？—1053？)，原名三变，字景庄，后改名永，字耆卿，排行第七，俗称柳七，崇安(今福建武夷山市)人。早年生活放浪不羁，流连坊曲，与乐工、歌妓为友，"好为淫冶讴歌之曲，传播四方"(《能改斋漫录》)。因此屡试不第。直到景元年(1034年)才登进士第，曾任睦州(今浙江建德)团练使推官、馀杭县令、定海(今浙江定海)晓峰盐场盐官等，官至屯田员外郎，世称"柳屯田"。他一生不得志，惟以词著称于世。其词多写羁旅行役、都市风光与市民生活，以及歌妓乐工活动。他精通音律，于词兼备众体，尤其是大量创长调慢词；善於铺叙，长于白描；语言通俗，在北宋词坛上自成一家。叶梦得《避暑录话》卷下载："尝见一西夏归朝官云：'凡有井水饮处，即能歌柳词。'"可见其词流传之广。柳词的新变，对宋词的发展起了重要的推动作用，对后世词坛影响巨大。今存词213首，有《乐章集》。

雨 霖 铃

【题解】

《雨霖铃》，唐教坊曲名，一作《雨淋铃》。宋王灼《碧鸡漫志》卷五《雨霖铃》条，引《明皇杂录》及《杨妃外传》："帝幸蜀，初入斜谷，霖雨弥旬，栈道中闻铃声。帝方悼念贵妃，其声为《雨霖铃》曲以寄恨。时梨园弟子惟张野狐一人，善筚篥，因吹之，遂传于世。"后用为词调，始见于此。此词为柳永写别情的代表作之一，也是宋词的名篇。词中用铺叙与白描的手法，以及环境烘染，将惜别之情写得细腻感人。"今宵"两句，尤为脍炙人口。

寒蝉凄切[1]，对长亭晚[2]，骤雨初歇。都门帐饮无绪[3]，留恋处、兰舟催发[4]。执手相看泪眼，竟无语凝噎[5]。念去去、千里烟波，暮霭沉沉楚天阔[6]。多情自古伤离别，更那堪、冷落清秋节！今宵酒醒何处？杨柳岸、晓风残月。此去经年[7]，应是良辰好景虚设。便纵有、千种风情[8]，更与何人说[9]！

【注释】

[1]寒蝉：蝉的一种，又名寒蜩、寒。《礼记·月令》："孟秋之月，寒蝉鸣。"

[2]长亭：古代设在驿路上供行人休息的亭舍，也是送别之所。庾信《哀江南赋》："十里五里，长亭短亭。"唐宋《白（居易）孔（传）六帖》卷九《馆驿》："十里一长亭，五里一短亭。"

[3]都门：此指北宋都城汴京（今河南开封）。帐饮：古人送别时于郊外设帐宴饮饯别。一作"畅饮"。

[4]留恋处：一作"方留恋处"。兰舟：木兰舟。任昉《述异记》："七里洲中有鲁班刻木兰为舟，至今在洲中。诗家所云木兰舟，出于此"（见《太平御览》卷九五八木部七引）。后为船的美称。

[5]凝噎：一作"凝咽"。

[6]楚天：江南的天空。春秋战国时长江中下游一带地区属楚国，故云。

[7]经年：经过一年或数年。

[8]风情：一作"风流"。

[9]更：一作"待"。

凤　栖　梧

【题解】

《凤栖梧》,即《蝶恋花》,词写念远伤怀的离情。把异乡落魄的愁绪,与思恋所爱之人的深情结合起来,具有强烈的艺术感染力。末两句被王国维称为"专作情语而绝妙者","求之古今人词中,曾不多见"(《人间词话删稿》)。

伫倚危楼风细细[1]。望极春愁,黯黯生天际[2]。草色烟光残照里,无言谁会凭栏意。拟把疏狂图一醉[3]。对酒当歌[4],强乐还无味[5]。衣带渐宽终不悔[6],为伊消得人憔悴[7]。

【注释】

[1]伫:久立。一作"独"。危楼:高楼。

[2]黯黯:忧伤的样子。

[3]疏狂:散漫狂放。

[4]对酒当歌:曹操《短歌行》:"对酒当歌,人生几何?"

[5]强乐:勉强寻欢作乐。强,音"抢"。

[6]衣带渐宽:谓人渐渐消瘦。《古诗十九首·行行重行行》:"相去日已远,衣带日已缓。"

[7]消得:值得。

望 海 潮

【题解】

这首词是柳永歌咏钱塘的作品。钱塘，即杭州，北宋时仅次于汴梁的大城市。词中描写了北宋真宗咸平末年（1003 年左右）杭州的城市繁华和湖山风景。但这首词是写来献给当时守杭州的两浙转运使孙何的，所以全词充满着城市上层人物的欣赏情调。

这首词曾经传到全国，其中"三秋桂子，十里荷花"等句，曾引起金主完颜亮对杭州景色的艳美（见宋罗大经《鹤林玉露》卷一），也说明他这首词是从欣赏风景的角度来赞颂祖国河山的。

东南形胜，江吴都会，钱塘自古繁华[1]。烟柳画桥，风帘翠幕，参差十万人家[2]。云树绕堤沙[3]，怒涛卷霜雪，天堑无涯[4]。市列珠玑，户盈罗绮，竞豪奢[5]。

重湖叠巘清嘉[6]。有三秋桂子，十里荷花[7]。羌管弄晴，菱歌泛夜，嬉嬉钓叟莲娃[8]。千骑拥高牙[9]，乘醉听箫鼓，吟赏烟霞[10]。异日图将好景，归去凤池夸[11]。

【注释】

[1]形胜：指形势重要、交通便利的地方。江吴都会：汉代杭州是江都国吴郡的治所。以上三句，说钱塘（杭州）是东南一带形势重要、交通便利的地方，在汉代就是江都国吴郡的治所，自古以来，向称繁华。

[2]烟柳画桥：掩映在含烟的柳树下面的画桥。风帘翠幕：挂来遮风的竹帘和翠绿色帷

幕。参差:错错落落高低不齐的样子。以上三句写杭州人烟稠密,居处清幽。

[3]云树:烟云掩映的树木。堤沙:即沙堤。这句说,杭州城下,环绕着一道防潮沙堤,堤上树木繁茂,映带白云,风景如画。

[4]怒涛卷霜雪,天堑无涯,这二句写钱塘江。钱塘江潮是自古闻名的奇观。这里说,钱塘江上怒起的涛头翻卷着霜雪一般的浪花,浩荡无边,好像长江一样,是南北的天堑(天生的大壕沟)。

[5]市列珠玑:街市上陈列着珠宝等珍奇货物,玑,音"机"。户盈罗绮:人家户满是穿着绮罗制成的衣服。竞豪奢:相互竞争,看谁最豪华奢侈。这三句写杭州当时商业繁荣,豪商聚集,上层人物过着争奢斗靡的生活。

[6]重湖:西湖有里湖、外湖,所以称重湖。叠巘:重叠的山峰,巘,音"俨"。西湖边上,有南高峰、北高峰等。清嘉:秀丽美好。

[7]桂子:桂花。这句写湖边湖上的花开胜景。

[8]羌管:指笛。笛子最早从羌族传来,又称羌笛。晴天吹笛,声音更嘹亮,所以说弄晴。菱歌:采菱女的歌声。泛夜:阵阵歌声传来,知道夜里还在湖上泛舟。嬉嬉:欢乐喜笑的样子。钓叟:垂钓的老头儿。莲娃:采莲的女子。这三句写湖边湖上的莲娃钓叟,吹笛唱歌,欢乐一片,点染着湖山的景色。

[9]千骑:汉代太守有随从的骑兵千人,宋代州郡长官也兼知州军事,所以用千骑作为地方官的代称。这里指两浙转运使孙何。这句说他在一面高高的牙旗下,被成千的骑兵簇拥着,十分威武。牙旗:将军旗。

[10]乘醉:趁着酒兴。吟赏烟霞:吟咏赏玩湖山中烟霞变幻的美景。

[11]异日:将来。凤池:凤凰池。晋代中书省(朝廷掌管机要的机关)有凤凰池,后代用作接近皇帝的机密省署的代称。这句是恭维孙何将来不久就要升官回朝(孙何在景德初,即1004年,调回朝判太常礼院,不久便知制诰)。说,你将来把这美好的湖山风景图画起来,回到朝中的显要机关,向那里的同僚们夸耀一番吧!这些恭维话,正表现了作品思想的庸俗性。

八声甘州

【题解】

《八声甘州》，又名《甘州》。《甘州》，唐教坊大曲名，后用作词调。《词谱》卷二十五："按此调前后段八，故名八声，乃慢词也。与《甘州遍》之曲破，《甘州子》之令词不同。"始见于柳永《乐章集》。这是作者抒写羁旅行役的名作，反映作者失意的苦闷与思乡的愁绪。韵调苍凉激越。其中"渐霜风凄紧"三句，为历来传诵的名句，被称为"不减唐人高处"（宋赵令畤《侯鲭录》卷七）。

对潇潇、暮雨洒江天[1]，一番洗清秋。渐霜风凄紧[2]，关河冷落[3]，残照当楼。是处红衰翠减[4]，苒苒物华休[5]。惟有长江水，无语东流。不忍登高临远，望故乡渺邈[6]，归思难收。叹年来踪迹，何事苦淹留[7]。想佳人，妆楼颙望[8]，误几回、天际识归舟[9]。争知我、倚栏杆处[10]，正恁凝愁[11]。

【注释】

[1]潇潇：形容雨声。

[2]凄紧：形容寒风刺骨，寒气逼人。原作"凄惨"，据别本改。

[3]关河：此泛指山河。

[4]是处：到处。红衰翠减：花木凋零。李商隐《赠荷花》诗："此荷此叶常相映，翠减红衰愁煞人。"

[5]苒苒：同"荏苒"，指光阴渐渐流逝。物华：美好的景物。

[6]渺邈:遥远。

[7]淹留:久留。

[8]颙望:抬头凝望、呆望。颙,音"拥",阳平。

[9]误几回句:谢朓《之宣城郡出新林浦向板桥》诗:"天际识归舟,云中辨江树。"

[10]争:怎。

[11]恁:如此,这样。

张　先

张先(990—1078),字子野,乌程(今浙江湖州)人。仁宗天圣八年
(1030 年)进士。曾为嘉禾(今浙江嘉兴)、永兴军(今陕西西安)通判,官至
都官郎中。晚岁退居乡里,亦往来于湖州一带,与苏轼等人有交往。其词
多写士大夫文人的诗酒生活和男女恋情。词风含蓄,尤善锤炼字句。存词
165 首,有《张子野词》。

天仙子·时为嘉禾小倅[1], 以病眠不赴府会

【题解】

《天仙子》,唐教坊曲名,后用作词牌。有单调、双调两体。单调始见于
《花间集》皇甫松词,双调始见于此。此词系作者五十二岁时在嘉禾通判任
上作。词中写他伤春伤别的感情。其中"云破月来花弄影"句,"景物如画,
画亦不能至此"(明杨慎《词品》)。此句与作者集中的"娇柔懒起,帘压卷
花影"(《归朝欢》)、"柳径无人,坠风絮无影"(《剪牡丹》),写景如画,"世
称诵之,号'张三影'"(胡仔《苕溪渔隐丛话·前集》卷三十七引《古今诗
话》)。此词一题作"春恨"。

水调数声持酒听[2],午醉醒来愁未醒。送春春去几时回?临晚镜,
伤流景[3],往事后期空记省[4]。沙上并禽池上暝[5],云破月来花弄影。
重重帘幕密遮灯,风不定,人初静,明日落红应满径。

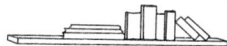

【注释】

[1]倅:副职,音"脆"。时张先任秀州(即嘉禾)通判,为掌管文书的佐吏。

[2]水调:曲调名。相传为隋炀帝所,唐宋时代很流行。

[3]流景:流年。

[4]后期:后会的期约。省:明白。

[5]并禽:成双成对的鸟。暝:天黑,日暮。

晏　殊

晏殊(991—1055),字同叔,抚州临川(今江西抚州)人。景德二年(1005 年),十四岁时以神童召试,赐同进士出身。仁宗时官至同中书门下平章事兼枢密使。谥元献。当时知名之士范仲淹、欧阳修、富弼、韩琦、张先等均出其门。其词内容多吟风弄月,歌舞宴饮,也写自身的富贵闲愁,略嫌单调。词风承袭五代,颇受冯延巳的影响,但更显雍容和婉,闲雅蕴藉。存词 140 首,有《珠玉词》。

浣　溪　沙

【题解】

《浣溪沙》,唐教坊曲名,后用作词牌。沙,一作"纱",有杂言、齐言二体。齐言双调四十二字体,首见于《花间集》韦庄词,宋人皆用此体;杂言双调四十八字体,首见于敦煌曲词,宋人于此体皆称作《摊破浣溪沙》。此词写伤春情怀,流露珍爱生命的心绪。其中"无可奈何"两句,清新流利,对仗工巧,是千古传诵之名句。此词曾误作李璟、晏几道、吴文英词。

　　一曲新词酒一杯,去年天气旧亭台[1]。夕阳西下几时回。无可奈何花落去,似曾相识燕归来。小园香径独徘徊[2]。

【注释】

[1]去年句:此用郑谷诗成句。郑谷绝句《和知己秋日伤怀》:"流水歌声共不回,去年天

气旧亭台。"

[2]香径:落花满地的园中小道。

蝶 恋 花

【题解】

《蝶恋花》,唐教坊曲名,后用作词调。原名《鹊踏枝》,《词谱》卷十二云:"宋晏殊词改今名。"《全宋词》亦作《鹊踏枝》,今据别本改。此词主要写相思怀远之情。境界高远,风格疏朗。

　　槛菊愁烟兰泣露[1]。罗幕轻寒[2],燕子双飞去。明月不谙离恨苦,斜光到晓穿朱户。昨夜西风凋碧树,独上高楼,望尽天涯路。欲寄彩笺兼尺素[3],山长水阔知何处!

【注释】

[1]槛菊句:语出刘禹锡《忆江南》词句:"丛兰浥露似沾巾"。槛:栏杆。

[2]罗幕:丝绸织成的帷幕。

[3]彩笺:供题诗和书信用的精美的纸张。尺素:古人写信用一尺左右的绢帛,故称尺素,亦用作信件的代称。汉无名氏诗《饮马长城窟行》:"客从远方来,遗我双鲤鱼。呼儿烹鲤鱼,中有尺素书。"语本此。"兼",他本或作"无"。

宋 祁

宋祁(998—1061),字子京,安州安陆(今湖北安陆)人,后徙居开封雍丘(今河南杞县)。宋仁宗天圣二年(1024 年),与兄庠同举进士,人称"二宋",历任知制诰、工部尚书、翰林学士承旨等,谥景文。曾与欧阳修等主修《新唐书》。今存词 6 首,近人赵万里辑《宋景文公长短句》一卷。

玉楼春 · 春景

【题解】

《玉楼春》,唐教坊曲名,后用作词调,始见于《花间集》。《词谱》卷十二:"《花间集》顾敻词起句,有'月照玉楼春漏促'句,又有'柳映玉楼春日晚'句,《尊前集》欧阳炯词起句,有'春早玉楼烟雨夜'句,又有'日照玉楼花似锦,楼上醉和春色寝'句,取为调名。"词中"红杏枝头春意闹"一句,写出了春色繁盛的生动景象,为历来传诵的名句。王国维《人间词话》云:"着一'闹'字,而境界全出。"宋祁也因此被称为"红杏枝头春意闹尚书"。此词一作《木兰花》。

东城渐觉春光好,縠皱波纹迎客棹[1]。绿杨烟外晓寒轻,红杏枝头春意闹。浮生长恨欢娱少[2],肯爱千金轻一笑[3]。为君持酒劝斜阳,且向花间留晚照。

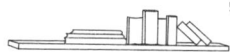

【注释】

[1]縠皱:绉纱一类的丝织品。此喻水的波纹。縠:有皱纹的纱,音"胡"。客棹:船。

[2]浮生:飘浮不定的短暂人生。

[3]肯爱:岂肯吝惜,即不吝惜。

欧阳修

欧阳修(1007—1072),字永叔,号醉翁,晚年又号六一居士。吉州庐陵(今江西吉安)人。宋仁宗天圣八年(1030年)进士。早年在朝为官,正直敢言;仁宗庆历年间,参加范仲淹领导的"庆历新政"。因此,三遭贬谪。晚年官至枢密副使、参知政事。卒谥文忠。他是北宋诗文革新运动的领袖,对宋代文学的发展有重大影响。他识拔人才,奖掖后进,苏轼父子、曾巩、王安石皆出其门下。他是诗、词、文兼擅的一代文学宗师。其文内容充实,风格纡徐委曲,平易晓畅,为唐宋八大家之一。其诗反对浮艳风习,清新疏朗。其词虽受南唐冯延巳影响,但在扩大词的抒情功能等方面,有所新变。有《欧阳文忠公集》。存词242首,有《六一词》《欧阳文忠公近体乐府》《醉翁琴趣外篇》。

采 桑 子

【题解】

《采桑子》,《词谱》卷五:"唐教坊曲有《杨下采桑》,调名本此。"任半塘《教坊记笺订》:"唐大曲之《采桑》,可能与古相和曲《陌上桑》之内容有关。《杨下采桑》乃胡乐。"唐词未见此调,始见于《花间集》和凝词。作者晚年退居颍州时作《采桑子》十三首,词前面有作为序言的《西湖念语》,前十首专颍州西湖景色,皆以"西湖好"为首句,后三首抒写自身感慨。此为第四首,描画出一片残春景象,衬托作者"始觉春空"的寂寞之感。

群芳过后西湖好[1],狼籍残红[2]。飞絮蒙蒙。垂柳栏杆尽日风[3]。

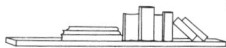

笙歌散尽游人去,始觉春空。垂下帘栊[4]。双燕归来细雨中。

【注释】

[1]西湖:指颍州西湖,在今安徽阜阳西北,三里长,十里广,是颍河合诸水汇流之处。作者在《西湖念语》中说:"况西湖之胜概,擅东颍之佳名。"

[2]狼籍:同"狼藉",散乱错杂的样子。

[3]尽日:一作"尽是。"

[4]帘栊:窗帘。

蝶 恋 花

【题解】

此词描写闺中少妇的伤春之情,一起一结颇受推赏。上片写深闺寂寞,阻隔重重,想见意中人而不得,下片写美人迟暮,盼意中人回归而不得。幽恨怨愤之情自现。此词写景状物,虚实相融,辞意深婉,尤对少妇心理刻划写意传神,堪称欧词之典范。

庭院深深深几许[1],杨柳堆烟[2],帘幕无重数。玉勒[3]雕鞍[4]游冶处[5],楼高不见章台[6]路。雨横风狂三月暮,门掩黄昏,无计留春住。泪眼问花花不语,乱红[7]飞过秋千去。

【注释】

[1]几许:多少。许,估计数量之词。

[2]堆烟:形容杨柳浓密。

[3]玉勒:玉制的马衔。

[4]雕鞍:精雕的马鞍。

[5]游冶处:指歌楼妓院。

[6]章台:汉长安街名。《汉书·张敞传》有"走马章台街"语。唐许尧佐《章台柳传》,记妓女柳氏事。后因以章台为歌妓聚居之地。

[7]乱红:凌乱的落花。

浣 溪 沙

【题解】

此词上片描绘了在空阔、明丽的湖上春景中活跃着的众多游人,并着意点出"绿杨楼外"的秋千影。吴曾《能改斋漫录》引晁补之语,说此词上片"要皆绝妙",尤其是其中的"出"字,"自是后人道不到处",因为用此一字,突出了万绿丛中忽然闪现的荡秋千少女的身影,使人更感到春天的欢乐,生命的欢乐。下片自抒情怀,一方面写出作者虽已白发,却仍旧热爱生活、享受生活,陶醉于美酒和乐舞中的情景;而"人生何处似樽前"句,又使人体味到一种幽微的凄伤之慨。

堤上游人逐画船,拍堤春水四垂天。绿杨楼外出秋千[1]。 白发戴花君莫笑,六么[2]催拍盏频传。人生何处似樽[3]前!

【注释】

[1]绿杨句:王维《寒食城东即事》诗:"蹴踘屡过飞鸟上,秋千竞出垂杨里。"冯延巳《上行杯》词:"柳外秋千出画墙。"

[2]六幺:唐时琵琶曲名。王灼《碧鸡漫志》卷三云:"《六幺》,一名《绿腰》,一名《乐世》,一名《录要》。"白居易《琵琶行》:"轻拢慢捻抹复挑,初为霓裳后六幺。"

[3]樽:古代的盛酒器具。

浪　淘　沙

【题解】

此词是作者与友人梅尧臣在洛阳城东旧地重游有感而作,词中伤时惜别,抒发了人生聚散无常的感叹。上片由现境而忆已过之境,即由眼前美景而思去年同游之乐;下片再由现境而思未来之境,含遗憾之情于其中,尤表现出对友谊的珍惜。全词笔致疏放,婉丽隽永,含蕴深刻,耐人寻味。

　　把酒祝东风[1],且共从容[2]。垂杨紫陌洛城东[3]。总是当时携手处[4],游遍芳丛。聚散苦匆匆[5],此恨无穷。今年花胜去年红。可惜明年花更好,知与谁同[6]?

【注释】

[1]把酒:端着酒杯。

[2]从容:留恋,不舍。

[3]紫陌:紫路。洛阳曾是东周、东汉的都城,据说当时曾用紫色土铺路,故名。此指洛阳的道路。洛城:指洛阳。

[4]总是:大多是,都是。

[5]匆匆:形容时间匆促。

[6]"可惜"两句:杜甫《九日蓝田崔氏庄》诗:"明年此会知谁健,醉把茱萸仔细看。"

王安石

王安石(1021—1086),字介甫,临川(今江西抚州)人。宋仁宗庆历二年(1042年)进士。仁宗嘉祐三年(1058年),上万言书,主张革新政治。神宗即位后,召为翰林学士兼侍讲。熙宁二年(1069年)任参知政事,随后拜同中书门下平章事。执政期间,积极推行新法,在新旧两党激烈斗争中,两起两落。晚年罢相后退居金陵,自号半山老人。封荆国公,世称王荆公。卒谥文。王安石是宋代著名的政治家、文学家。他在文学上有杰出的成就,其文论析透辟,逻辑严密,语言简洁,风格劲峭,是唐宋八大家之一。其诗被称为"王荆公体"。前期之作或吟咏时事,或咏史怀古,皆长于议论;后期退居金陵之作,以写景抒情绝句著称,雅丽精绝,巧于修辞,极富情韵。作词虽不多,但能抒写性情怀抱,意境较开阔,感慨较深沉,能"一洗五代风习"(刘熙载《艺概》卷四)。有《临川集》,存词29首,有《临川先生歌曲》。

桂枝香·金陵怀古

【解题】

熙宁九年(1076年),王安石再次罢相,一直住在江宁(府治在金陵,今南京市),到宋哲宗元祐元年(1086年),卒于江宁钟山,在此住了十一年。这一时期,他用《金陵怀古》《金陵即事》为题,写了一些诗词。金陵是六朝建都的地方,他借六朝的兴亡,痛惜宋朝政治衰败,导致国家微弱,要人们吸取历史教训。《金陵怀古》诗说:"《后庭》余唱落船窗。"又说:"《黍离》《麦秀》从来事,且置兴亡共酒缸。"(《黍离》,《诗经》篇名,《麦秀》诗,箕子

过殷墟所作,都是感慨兴亡的诗篇。)这首词含意相同,可能也是王安石晚年写的。

词的上阕描写了金陵深秋的壮丽景色,下阕追述六朝旧事:统治者安于宴乐,醉生梦死,竞逐豪华,终致亡国。"至今商女,时时犹唱,《后庭》遗曲"。六朝悲剧正在重演,表达了作者对国家前途的无限愤慨。杨湜《古今词话》说:"当时用《桂枝香》这个词牌写《金陵怀古》这个题目的有三十多人,"惟王介甫为绝唱。"(《景定建康志》引)怀古,追怀往事,借历史事件寄托作者的思想感情。王安石词集有《临川先生歌曲》一卷,补遗一卷,收在朱祖谋《疆村丛书》中。

登临送目[1],正故国晚秋[2],天气初肃[3]。千里澄江似练[4],翠峰如簇[5]。征帆去棹斜阳里[6],背西风酒旗斜矗[7]。彩舟云淡[8],星河鹭起[9],画图难足[10]。 念往昔繁华竞逐[11],叹门外楼头[12],悲恨相续[13]。千古凭高[14],对此漫嗟荣辱[15]。六朝旧事如流水[16],但寒烟衰草凝绿[17]。至今商女,时时犹唱,《后庭》遗曲[18]。

【注释】

[1]登临:登山临水。送目:远望。

[2]故国:旧都,指金陵。吴、东晋、宋,齐、梁、陈六朝都建都于此。

[3]肃:清爽。初肃:正爽。

[4]谢朓《晚登三山还望京邑》诗:"澄江静如练。"澄江:清澄的长江。似练:像一匹白色的绸子。

[5]翠峰:青翠的峰峦。簇:箭头。这里用来形容山峰的挺拔。

[6]征帆去棹:来来去去的船只。征:远行的。棹:桨,这里代称船。斜阳:快下山的太阳。

[7]背西风:指酒旗被西风吹动,飘向东面,背向西风。矗:高竖。

[8]彩舟云淡:天边的彩船如在云端。彩舟:船的美称。

[9]星河鹭起:天边飞翔的白鹭象起伏在银河里一样。《石林诗话》记王安石最喜欢杜甫"钩帘宿鹭起,丸药流莺啭"(《水阁朝霁奉简云安严明府》)的诗句,认为是五言诗的楷模。鹭起二字,正用杜诗。星河:银河,也称天河。

[10]难足:难于尽情描绘。

[11]繁华竞逐:争相追逐豪华的生活方式。

[12]杜牧《台城曲》:"门外韩擒虎,楼头张丽华。"隋文帝开皇九年(589年),隋大将韩擒虎伐陈,攻入建康(金陵),经朱雀航赴宫城,自南掖门而入。陈后主叔宝和贵妃张丽华还在一起寻欢作乐。韩擒虎俘虏了陈叔宝和张丽华,陈亡。门外:南掖门外。楼头:指张丽华所居的结绮阁。

[13]悲恨相续:指亡国破家的历史事件连续不断。

[14]千古凭高:后人登高凭吊。千古:自古以来。凭高:靠着高处。

[15]漫:只,徒。漫嗟荣辱:徒自叹息前代兴亡。荣辱:指兴亡。

[16]窦巩《南游感兴》:"伤心欲问南朝事,惟见江流去不回。"如流水:如像流水一样消逝。

[17]但:只是。寒烟:寒冷的雾气。衰草:枯黄的草木。凝绿:凝聚在绿色的原野上。

[18]杜牧《泊秦淮》诗:"商女不知亡国恨,隔江犹唱《后庭花》。"商女:歌女。陈后主好声色,作《玉树后庭花》曲,终日在后宫与妃嫔,狎客饮酒赋诗,歌舞作乐,终至亡国。后世便把《后庭》遗曲看成亡国之音。

晏几道

晏几道(1038—1110),字叔原,号小山,晏殊幼子。与苏轼、黄庭坚同时。其性情耿直,不肯趋时附势,因而一生仕途偃蹇,曾任颍昌许田镇(今河南许昌西南)监、开封府推官等小官。词与其父齐名,有"二晏"之称。其词"工于言情,出元献(晏殊)、文忠(欧阳修)之右,然不免思涉于邪,有失风人之旨。而措词婉妙,则一时独步"(陈廷焯《白雨斋词话》卷一)。所作以小令为主,感情真挚,情调哀怨感伤。王灼说他"如金陵王、谢子弟,秀气胜,得之天然,将不可学"(《碧鸡漫志》卷二)。存词260首,有《小山词》。

临 江 仙

【题解】

《临江仙》,唐教坊曲名,后用作词调,始见于《花间集》张泌词。唐五代人用此调多缘题所赋,即多言水仙事。晏几道在《小山词自序》中说:"始时沈十二廉叔,陈十君宠家,有莲、鸿、苹、云,品清讴娱客。每得一解,即以草授诸儿,吾三人持酒听之,为一笑乐。已而君宠疾废卧家,廉叔下世。昔之狂篇醉句,遂与两家歌儿酒使俱流转于人间。"此词当是怀念歌女小苹而作,词中写深情的思恋与追忆,蕴藉含蓄。

梦后楼台高锁,酒醒帘幕低垂[1]。去年春恨却来时[2],落花人独立,微雨燕双飞[3]。记得小苹初见,两重心字罗衣[4]。琵琶弦上说相思。当时明月在,曾照彩云归[5]。

【注释】

[1]梦后二句:是写梦回酒醒之后的孤寂心情。楼台高锁、帘幕低垂,形容当年欢宴相聚之地今日空寂冷清。许浑《客有卜居不遂薄陇因题》诗:"楼台深锁无人到,落尽春风第一花。"庾信《荡子赋》:"况复空起怨,倡妇生离。纱窗独掩,罗帐长垂。"

[2]去年句:是说去年春天的离恨,此时又涌上了心头。却,又,再。

[3]落花二句:五代翁宏《春残》诗:"又是春残也,如何出翠帷?落花人独立,微雨燕双飞。"此用翁诗的成句。

[4]小苹:歌女名。心字罗衣:杨慎《词品》卷二:"心字罗衣则谓心字香熏之尔。或谓女人衣曲领如心字。"

[5]当时二句:是说当时曾经照见小苹归去的明月如今还在,而人却已不见了。彩云,比喻小苹。李白《宫中行乐词》:"只愁歌舞散,化作彩云飞。"

鹧 鸪 天

【题解】

《鹧鸪天》,此调始见于柳永词。毛先舒《填词名解》:"鹧鸪天,采郑诗:'春鸡鹿塞,家在鹧鸪天'。"其说未必确实。此词写久别重逢的惊喜之情。其中"舞低"二句,以属对工整而传诵人口;"今宵"二句,"一片深情,低回往复,真不厌百回读也"(陈廷焯《白雨斋词话》)。

彩袖殷勤捧玉钟[1],当年拚却醉颜红[2]。舞低杨柳楼心月,歌尽桃花扇底风[3]。从别后,忆相逢。几回魂梦与君同[4]。今宵剩把银红照,

犹恐相逢是梦中[5]。

【注释】

[1]彩袖:代指歌舞女。玉钟:酒杯的美称。

[2]拚却句:犹言不惜一醉。拚:不惜,甘愿,音"盼"。却,语助词。

[3]舞低二句:形象描绘当年彻夜歌舞狂欢的情景。扇,歌扇,古代歌舞时拿在手上的一种道具,边唱边用手轻轻摇动扇子,以助美态。扇底,扇里。底,原本作"影",今据别本改。

[4]同:欢聚在一起。

[5]今宵二句:宋王楙《野客丛书》:"晏叔原'今宵剩把银钅工照,犹恐相逢是梦中',盖出于老杜'夜阑更秉烛,相对如梦寐',戴叔伦'还作江南会,翻疑梦里逢',司空曙'乍见翻疑梦,相悲各问年'之意。"按:上引诗句分别见杜甫《羌村三首》、戴叔伦《江乡故人偶集客舍》、司空曙《云阳馆与韩伸宿别》。剩把:尽把。银钅工:银制的灯。钅工,音刚。

蝶 恋 花

【题解】

　　这是一首伤别的恋情之作,写别后的凄凉情景。此词没有事件的具体描述,通过一组意象反复诉说离愁的无处不在和无时不有。上阕写醉梦醒来,感慨人生如梦如云,醉别西楼,醒后已不记得当时的情景,即使什么都忘了,可醒后有一点清醒的:人生聚散,像春梦,像秋云,容易消失;下阕写聚时的酒痕诗文,现在睹物生情,无不感到哀伤,最后两句写燃烧的红烛也好像悄悄替人流泪。全词意象清幽,缠绵凄婉,迷茫的意态和伤感的氛围平添了含蓄酸楚的氛围,颇有情调。

醉别西楼醒不记[1]，春梦秋云[2]，聚散真容易。斜月半窗还少睡，画屏闲展吴山翠[3]。衣上酒痕诗里字，点点行行，总是凄凉意。红烛自怜无好计，夜寒空替人垂泪[4]。

【注释】

[1]西楼：泛指欢宴之所。

[2]春梦秋云：喻美好而又虚幻短暂、聚散无常的事物。白居易《花非花》诗："来如春梦不多时，云似秋云无觅处。"晏殊《木兰花》："长于春梦几多时，散似秋云无觅处。"

[3]吴山：画屏上的江南山水。

[4]"红烛"二句：化用唐杜牧《赠别二首》之二："蜡烛有心还惜别，替人垂泪到天明。"将蜡烛拟人化。

苏 轼

苏轼（1037—1101），字子瞻，号东坡居士，眉州眉山（今四川眉山）人。宋仁宗嘉祐二年（1057 年）进士。神宗熙宁年间曾入朝任职，因不赞同王安石变法主张，外调通判杭州，转知密州（今山东诸城）、徐州（今江苏徐州）、湖州（今浙江湖州）。以写诗遭指为"谤讪"新政，并以此罪名入狱（即所谓"乌台诗案"），旋贬为黄州（今湖北黄冈）团练副使。哲宗元祐年间召回京都，累迁翰林学士。因与旧党政见不合，出知杭州、颍州（今安徽阜阳）。绍圣初，哲宗亲政，新党再度执政，苏轼以为文"谤讪先帝"的罪名，远谪惠州（今广东惠州）、儋州（今海南儋州）。徽宗即位赦还，次年卒于常州。孝宗朝，赠太师，谥文忠。苏轼虽在新旧两党斗争中政治上不得意，但在地方官任上却颇有政绩。在文学史上他也是一位影响巨大的文学家，在诗、文、词、书法等方面都有突出成就。其诗与黄庭坚并称"苏、黄"，开宋诗之新风；散文与欧阳修并称"欧、苏"，是"唐宋八大家"之一；词与辛弃疾并称"苏、辛"，以诗为词，开拓词境，风格多样，为词坛"指出向上一路，新天下耳目"（王灼《碧鸡漫志》卷二）。有《苏东坡集》。存词 362 首，有《东坡乐府》。

水龙吟·次韵章质夫杨花词 [1]

【题解】

《水龙吟》，此调始见于苏轼《东坡乐府》（一谓始见于柳永词，然《乐章集》《全宋词》均未收）。调名来源，毛先舒《填词名解》卷三云："《水龙吟》，越调曲也。采李白诗'笛奏龙吟水。'"可资参考。此词作于宋哲宗元祐二年（1087 年）苏轼在汴京任翰林学士时。这是一首咏物词，词中咏物与写人融合一体,奇思妙想而又幽怨缠绵,刻划细腻入神。正如王国维《人间词话》卷上所云:"东坡《水龙吟》咏杨花,和韵而似原唱;章质夫词,原唱而似和韵,才之不可强也如是。""咏物之词,自以东坡《水龙吟》为最工。"

　　似花还似非花,也无人惜从教坠[2]。抛家傍路[3],思量却是,无情有思[4]。萦损柔肠[5],困酣娇眼,欲开还闭[6]。梦随风万里,寻郎去处,又还被、莺呼起[7]。不恨此花飞尽,恨西园、落红难缀[8]。晓来雨过,遗踪何在?一池萍碎[9]。春色三分,二分尘土,一分流水。细看来、不是杨花,点点是离人泪[10]。

【注释】

[1]次韵:和人的诗词,韵脚及用韵的次序均与原作相同,又称"步韵"。章质夫(1027－1102),名楶(音"杰"),福建浦城(今福建浦城)人。治平二年(1065年)进士。历官仁宗、哲宗、徽宗三朝,官至同知枢密院事,以资政殿学士、中太乙宫使卒,谥庄简。其原词云:"燕忙莺懒芳残,正堤上、柳花飘坠。轻飞点尽青林,谁道全无才思。闲趁丝,静临深院,日长门闭。傍珠帘散漫,垂垂欲下,依前被、风扶起。兰帐玉人睡觉,怪春衣、雪沾琼缀。绣床旋满,香球无数,才圆却碎。时见蜂儿,仰粘轻粉,鱼吹池水。望章台路杳,金鞍游荡,有盈盈泪"(见《全宋词》275页)。

[2]也无句:是说也无人爱惜,任凭它飘飞坠落。从,任从。

[3]抛家句:是说杨花离开枝头,飘落路旁。

[4]无情句:是说杨花看似无情,却有愁思。杜甫《白丝行》:"落絮丝亦有情,随风照日宜轻举。"韩愈《晚春》诗:"杨花榆荚无才思,惟解漫天作雪飞。"此反用其意。有思,有愁思。

[5]萦:缠绕,牵挂。

[6]困酣二句:是说十分困倦,连眼都睁不开。娇眼,喻柳眼(女子睡眼初展,好似柳叶初生时细长之状,故初生的柳叶古人称之为柳眼)。

[7]梦随三句:唐金昌绪《春怨》诗:"打起黄莺儿,莫教枝上啼。啼时惊妾梦,不得到辽

西。"此化用其意。

[8]落红:落花。缀:连缀。

[9]萍碎:传说杨花落水,化为浮萍。苏轼自注:"杨花落水为浮萍,验之信然。"

[10]细看来二句:句式与章质夫原词不同。如按章词句式,则为"细看来不是,杨花点点,是离人泪。"语意破碎。

水调歌头

丙辰中秋,欢饮达旦,大醉。作此篇,兼怀子由。

【题解】

这首词是宋神宗熙宁九年(1076年,即题中所说的丙辰年)苏轼在密州(今山东诸城县)做官时作的。当时,作者在政治上不得意,和弟弟苏辙也有七年没有团聚了。但苏轼有着乐观豪放的性格,并没因个人处境不佳而陷入悲观消沉。在这首词中,他抒发了思念骨肉兄弟的一往深情,反映了由超脱尘世转为喜爱人间,由怨恨离别变成自解自慰的达观思想。词的艺术技巧很高,历来享有盛誉。胡仔《苕溪渔隐丛话·后集》卷三十九说:"中秋词自东坡《水调歌头》一出,余词尽废。"

明月几时有?把酒问青天[1]。不知天上宫阙,今夕是何年[2]。我欲乘风归去,又恐琼楼玉宇[3],高处不胜寒。起舞弄清影,何似在人间[4]! 转朱阁,低绮户,照无眠[5]。不应有恨,何事长向别时圆[6]?人有悲欢离合,月有阴晴圆缺,此事古难全。但愿人长久,千里共婵娟[7]。

[1]这两句由李白《把酒问月》诗的"青天有月来几时？我今停杯一问之"脱化而来。

[2]唐人小说《周秦行纪》有这样的诗句："香风引到大罗天,月地云阶拜洞仙。共道人间惆怅事,不知今夕是何年?"

[3]琼楼玉宇:指月中宫殿。《大业拾遗记》:"俄见月规半天,琼楼玉宇烂然。"

[4]这句是说月下舞蹈,清影随人,天上怎么比得上人间啊!

[5]转朱阁:月亮转动,照遍了华美的楼阁。低绮户:低低地照进雕花的门窗。照无眠:照着心事重重不能安眠的人。

[6]这两句是说:明月应该没有怨恨,但又为什么老是趁着人们离别孤苦的时候团圆呢?

[7]婵娟:这里指月亮。谢庄《月赋》:"美人迈兮音尘绝,隔千里兮共明月。"苏轼《中秋月》:"悠哉四子心,共此千里月。"

念奴娇·赤壁怀古

【题解】

这首词是苏轼在宋神宗元丰五年(1082年)七月谪居黄州(今湖北黄冈县)时写的。作者写这首词时,还写了一篇《前赤壁赋》。赤壁,本在湖北嘉鱼县,因三国时周瑜大破曹操军、火烧敌船而得名。这首词中所写的赤壁,并不是真正当时孙曹的战地,只因黄州城外有一个山崖,名叫赤鼻矶(音机),鼻、壁二字,声音相近,被讹传为赤壁。这一点,作者也是知道的。只不过是借题发挥,以抒写他谪居时向往古代英雄人物,乘时得意,建功立名,以及感慨自己有志无成的心情。这首词是苏轼的代表作品,刻画形象能抓住景物的特色和人物的特征,且全词抒情、写景和议论熔为一体,结构

波澜起伏,情调豪放,在艺术上有独到之处。

　　大江东去,浪淘尽,千古风流人物[1]。故垒西边,人道是:三国周郎赤壁[2]。乱石崩云,惊涛裂岸,卷起千堆雪[3]。江山如画,一时多少豪杰[4]。　遥想公瑾当年,小乔初嫁了,雄姿英发[5]。羽扇纶巾[6],谈笑间,樯橹灰飞烟灭[7]。故国神游[8],多情应笑我,早生华发[9]。人生如梦,一尊还酹江月[10]。

【注释】

[1]大江:指长江。风流人物:杰出的英雄人物。这三句说,长江永远向东流去,可是,千百年来许多杰出的英雄人物都不在了,好似江中的波浪,把他们冲洗得干干净净。

[2]故垒:旧日驻扎军队遗留的营垒。人道是:人们说是。因为作者也知道这里并不真是大破曹军的赤壁,所以说人道是。周郎:历史上对周瑜的习称,破曹军事在汉献帝建安十三年(208年,见《通鉴·赤壁之战》)。

[3]乱石崩云:写江边悬崖高耸入云,好似会把天空刺破,使云都破裂开来。惊涛裂岸:写惊涛骇浪猛向岸边拍打,好似堤岸都快崩裂一样。卷起千堆雪:写江心浪花翻滚,好似千百个雪堆,一片银白。

[4]一时多少豪杰:这是作者想象在赤壁之战的当时,像曹操、刘备、孙权、周瑜、诸葛亮等都是历史上著名的英雄人物,他们各逞才能,在战争中大显身手。

[5]公瑾:周瑜的字。他是当日孙刘联军抗击曹操的主帅,年纪还轻,才三十四岁。小乔:当时乔玄有两个女儿,长女被称为大乔,嫁给孙策,次女被称为小乔,嫁给周瑜。其实,小乔嫁给周在赤壁之战以前多年,作者这里说他初嫁,目的在于衬托周瑜雄姿英发,风采照耀一时。

[6]羽扇:用白色的鸟羽装饰的扇子。纶巾:一种青丝帛制成的头巾,纶,音"冠"。羽扇纶巾是古代文人名士的装束,这里形容周瑜风流文雅,举止雍容,是大将的风度。

[7]樯橹:船上的桅杆和划船的器具,这里代指战船。灰飞烟灭:即被焚烧干净的意思。这句是说周瑜从容破敌,举重若轻,谈笑之间,便把曹操的战船烧得干干净净。

[8]故国神游:即神游故国,意思说,通过想象把自己带去游览了一遍旧时的国土,即指历史上的赤壁。

[9]多情应笑我:即应笑我多情。华发:花白头发。这句说,应该笑我由于多情善感而过早地生长了花白头发。

[10]一尊:一杯。酹:把酒倒在地上祭奠,音类。酹江月:洒酒江中,表示邀月同饮。

江城子·密州出猎

【题解】

这首词是苏轼于宋神宗熙宁八年(1075年)知密州(今山东诸城县)时写的。与此词同时,作者还写了《祭常山回小猎》一诗,内容大体相同。其中有"归来红叶满征衣"的句子,说明是在这年秋天写的。他是熙宁七年(1074年)冬天来到密州的。写词时年三十九岁。词中抒发了为国杀敌立功的豪情壮志。

老夫聊发少年狂[1],左牵黄,右擎苍[2],锦帽貂裘[3],千骑卷平冈[4]。为报倾城随太守,亲射虎,看孙郎[5]。　　酒酣胸胆尚开张[6],鬓微霜,又何妨[7]!持节云中,何日遣冯唐[8]?会挽雕弓如满月[9],西北望,射天狼[10]。

【注释】

[1]老夫:苏轼自称。聊:姑且。发少年狂:象少年人一样发起豪兴来。

[2]左:左手。牵黄:牵着黄狗(猎犬)。右:右手。擎:举起。苍:苍鹰。鹰犬是打猎时追捕禽兽用的。"左手臂鹰,右手牵狗",语出《梁书·张充传》。

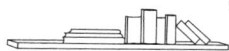

[3]锦帽:织锦做的帽子。貂:裘,貂鼠皮缝的长袍。

[4]千骑:一人骑一马为一骑,千骑是写随从的众多,同时表明自己太守的身份。骑,音"季"。千骑卷平冈,是说带着成千的随从人马,一阵风似的卷过了迤平的山冈。

[5]为报:告诉大家说。倾城:空城,即全城出动。太守:指作者自己。孙郎:指孙权。孙权是三国时吴国的君主,封建时代历来被称为英雄人物。他曾在汉献帝建安二十三年(218年)亲自乘马射虎于凌(音陵)亭(今江苏丹阳县东)(见三国志·吴志·孙权传》)。这里是借用孙权射虎事来比喻自己打猎,意思说,告诉大家吧,今天是全城出动,看我象孙权那样亲自去射猎老虎。

[6]酒酣:酒喝得畅快时。胸胆:胸怀胆气。开张:胸怀开阔,胆气豪放。这句说,在酒喝得很痛快的时候,更加激发了我的豪气。

[7]鬓:耳边头发。霜:像霜一样白。这句说,头发有一点白了,又有什么关系呢!

[8]持节云中二句,这是用西汉时的一个历史故事,汉文帝有一次见到冯唐,叹息当时没有廉颇、李牧这种将帅人才。冯唐说:今天即使有廉颇、李牧那样的人才,你也不能用他。例如云中(郡名,今内蒙古自治区包头一带)太守魏尚,防御匈奴侵略、保卫边境有功,后来因报捷时杀敌数字稍有出入,就被逮捕入狱。边将有功没有受到重赏,有点小过却处罚过重,这种作法怎能用到人才?汉文帝听了他的意见,就派冯唐到云中郡去传诏赦免了魏尚的罪,仍旧任命他作云中太守(见《史记·冯唐列传》)。持节:手持符节(古代用作凭证的东西,传布皇帝诏命时以此取信于人)。这句意思说,朝廷何日派遣冯唐手持符节到云中郡去传诏,重新起用魏尚呢?苏轼在这里以魏尚自比,希望能够重新得到朝廷的信任和重用。

[9]会:便当,将要。挽:拉弓叫挽弓。雕弓:画弓,有彩画装饰的弓。这句意思说,要是朝廷任用我去守边的话,我将要把弓拉得满满的,像圆月一样。

[10]天狼:星名,古代认为它是象征侵略势力的凶星。《九歌·东君》有"举长矢兮射天狼"的句子,即是此句所本。当时威胁北宋王朝西北边疆的是北方的辽国和西方的西夏,所以这里说西北望,射天狼,即将为朝廷杀敌立功,解除西北边患的意思。

江城子·乙卯
正月二十日夜记梦[1]

【题解】

《江城子》，原本亦作《江神子》，据别本改。此词为神宗熙宁八年（1075 年）苏轼知密州时悼念亡妻王弗之作，感情真挚而深沉。

十年生死两茫茫[2]，不思量，自难忘。千里孤坟[3]，无处话凄凉。纵使相逢应不识，尘满面，鬓如霜。夜来幽梦忽还乡。小轩窗[4]，正梳妆。相顾无言，惟有泪千行。料得年年肠断处，明月夜，短松岗[5]。

【注释】

[1]乙卯：宋神宗熙宁八年。原本题作"公之夫人王氏先卒，味此词，盖悼亡也"，今据别本改。

[2]十年句：苏轼《亡妻王氏墓志铭》："治平二年（1065 年）五月丁亥，赵郡苏轼之妻王氏，卒于京师。六月甲午，殡于京师之西。其明年六月壬午，葬于眉之东北彭山县安镇乡可龙里先君、先夫人墓之西北八步。"作者写本词时，离其妻去世刚好十年。

[3]千里孤坟：其妻葬在四川，时苏轼在山东密州，彼此相隔千里之遥，故云。

[4]轩：指有窗槛的小室。

[5]料得三句：唐孟《本事诗·徵异》载，唐开元年间，幽州衙将张某妻孔氏，死忽从墓冢出，题诗赠张某云："欲知肠断处，明月照孤坟。"苏轼化用其意。短松岗，种有小松树的山岗，指王氏墓地。古人墓旁多种松柏。仲长统《昌言》卷下："古之葬，松柏梧桐以识其坟。"肠断，原本作"断肠"，据别本改。

秦 观

秦观(1049—1100),字太虚,后改字少游,号淮海居士,高邮(今江苏高邮)人。神宗元丰八年(1085 年)进士。哲宗元祐五年(1090 年),先任太学博士、秘书省正字兼国史院编修官。绍圣元年(1094 年)因卷入新旧党争,贬为监处州(今浙江丽水)酒税,继又远贬郴州(今湖南郴州)、横州(今广西横县)、雷州(今广东雷州)。徽宗即位,于放还北归途中卒于藤州(今广西藤县)。秦观是"苏门四学士"之一,诗、词、文兼工。其词柔婉清丽,情韵兼胜,为北宋颇有影响的一大家。但气格稍弱,情调略嫌感伤低沉。存词90 首,有《淮海居士长短句》三卷。

满 庭 芳

【题解】

《满庭芳》,清·毛先舒《填词名解》卷三:"满庭芳,采唐吴融诗:'满庭芳草易黄昏。'又柳宗元诗:'满庭芳草积。'一名《锁阳台》。"(按:吴诗指《废宅》,"芳"作"荒"。柳诗指《赠江华长老》)调名本此。有平韵仄韵两体,平韵始见于张伯端词(参见《全宋词》第 250 页),仄韵始见于无名氏词(参见《乐府雅词》)。此词当作于元丰二年(1079 年)作者到会稽省亲之时。胡仔《苕溪渔隐丛话·后集》卷三十三引《艺苑雌黄》:"程公辟守会稽,少游客焉,馆之蓬莱阁。一日,席上有所悦,自尔眷眷,不能忘情,因赋长短句,所谓'多少蓬莱旧事,空回首、烟霭纷纷'是也。"词中抒写离别之情,寄托身世不遇之感,正如清周济《宋四家词选》所云:"将身世之感,打并入艳情,又是一法。"语言工丽自然,抒情柔婉清新,颇能体现秦词的特色。这首词在当时甚为流行,秦观亦因此词被苏轼戏称为"山抹微云君"。

山抹微云,天粘衰草[1],画角声断谯门[2]。暂停征棹[3],聊共引离尊[4]。多少蓬莱旧事[5],空回首、烟霭纷纷[6]。斜阳外,寒鸦万点,流水绕孤村[7]。销魂[8]。当此际,香囊暗解,罗带轻分[9]。谩赢得、青楼薄幸名存[10]。此去何时见也?襟袖上、空惹啼痕。伤情处,高城望断,灯火已黄昏[11]。

【注释】

[1]山抹两句:是说薄薄的白云萦绕着远山,抹上了一层淡淡的云彩,远处的枯草与天际紧紧连在一起。抹,涂抹。粘,一作"连"。

[2]画角:有彩绘的军中号角。谯门:即谯楼门。谯,古代建筑在城门上的高楼,作瞭望用。《汉书·陈胜传》:"独守丞与战谯门中。"颜师古注:"门上为高楼以望曰谯。"

[3]征棹:远行的船。棹,桨,此代指船。

[4]引离尊:指饯行时频频举杯劝饮。杜甫《夜宴左氏庄》:"看剑引杯长"。引,举,持。尊,古时酒器。

[5]蓬莱:蓬莱阁,旧址在会稽(今浙江绍兴)龙山下。

[6]烟霭:云气。

[7]寒鸦二句:叶梦得《避暑录话》卷三:"'寒鸦千万点,流水绕孤村,'本隋炀帝诗也。少游取以为《满庭芳》词。"万,一作"数"。

[8]销魂:伤神。江淹《别赋》:"黯然销魂者,唯别而已矣。"

[9]香囊二句:谓分别时互赠信物。香囊:俗称香荷包,古代男子所佩。繁钦《定情诗》:"何以致叩叩,香囊系肘后。"刘义庆《世说新语·假谲》:"谢遏年少时,好着紫罗香囊,垂覆手。"罗带,香罗带,丝织编成,古代女子的饰物。

[10]谩赢得句:杜牧《遣怀》诗:"十年一觉扬州梦,赢得青楼薄幸名。"此化用其意。谩,空,徒然。青楼,妓女的住处。薄幸,薄情。

[11]高城两句:欧阳詹《初发太原途中寄太原所思》诗云:"高城已不见,况复城中人?"此翻用其意。

鹊 桥 仙

【题解】

《鹊桥仙》,《钦定词谱》卷十二:"此调有两体:五十六字者,始自欧阳修,因词中有'鹊迎桥路接天津'句,取为调名。……八十八字者,始自柳永。"此词一题作"七夕",词中所写牛郎织女故事,能推陈出新,表现青年男女忠贞的爱情。尤其是末两句,不落俗套,写出了新意,成为名句,广为传诵。

纤云弄巧[1],飞星传恨[2],银汉迢迢暗度[3]。金风玉露一相逢,便胜却、人间无数[4]。柔情似水,佳期如梦,忍顾鹊桥归路[5]。两情若是久长时,又岂在、朝朝暮暮[6]。

【注释】

[1]纤云句:是说云彩变幻,编弄出许多花样来,此暗点乞巧节。旧俗七夕为乞巧节,妇女向织女乞求智慧。南朝梁宗懔《荆楚岁时记》:"七夕妇人结彩楼,穿七孔针,或以金银输石为针,陈瓜果于庭中,以乞巧。有喜子网于瓜上,则以为得。"

[2]飞星句:是说流星似为牛郎、织女传递终年不得相会的离恨。飞星,指流星。一说飞星指牵牛、织女两星。谓"牛郎、织女流露出终年不得相会的离恨"(朱东润主编《中国历代文学作品选》中编第二册),可备一说。

[3]银汉句:是说每年七夕之夜,牛郎、织女渡银河相会。参见南朝梁吴均《续齐谐记》

等。银汉,银河。迢迢,遥远貌。

[4]金风二句:李商隐《辛未七夕》:"由来碧落银河畔,可要金风玉露时。"为上句所本。赵璜(一作李郢)《七夕》诗:"乌鹊桥头双扇开,年年一度过河来。莫嫌天下稀相见,犹胜人间去不回。"此为下句所本。金风,秋风。秋天在五行中属金,故云。玉露:白露,秋露。

[5]忍顾:怎忍回顾。鹊桥:传说每岁七夕,群鹊于天河上衔接为桥,以渡牛郎、织女。唐韩鄂《岁华纪丽·七夕》:"鹊桥已成,织女将渡。"注:"《风俗通》云:织女七夕当渡河,使鹊为桥。"

[6]朝朝暮暮:语出宋玉《高唐赋》,楚王游高唐,梦与神女欢会,神女临去曰:"妾在巫山之阳,高山之阻,且为朝云,暮为行雨,朝朝暮暮,阳台之下。"此是朝夕相处,时刻相聚之意。

浣 溪 沙

【题解】

这是一首伤春之作,曾被誉为秦观《淮海词》中小令的压卷之作。上阕写阴冷的春天早晨,独上小楼,空房内画屏竖立,显得格外清幽。下阕所写眼前景物,待慢慢挂起窗帘,观落花轻飘,细雨蒙蒙,令人触目伤情,描写隽永传神,创造出全词最佳境界。"飞花"、"细雨",为实写物态;"梦"、"愁",虚写心境,合而喻之,虚实相生,已臻灵秀之境。作者用"轻描淡写"的笔法,融情入景,明写景,实写人的愁怨。

漠漠[1]轻寒上小楼,晓阴[2]无赖似穷秋。淡烟流水[3]画屏幽。
自在[4]飞花轻似梦,无边丝雨[5]细如愁。宝帘[6]闲挂小银钩。

【注释】

[1]漠漠:像清寒一样的冷漠。清寒:阴天,有些冷。

[2]晓阴:早晨天阴着。无赖:词人厌恶之语。穷秋:秋天走到了尽头。

[3]淡烟流水:画屏上轻烟淡淡,流水潺潺。幽:意境悠远。

[4]自在:自由自在。

[5]丝雨:细雨。

[6]宝帘:缀着珠宝的帘子。闲挂:很随意地挂着。

贺　铸

贺铸(1052—1125),字方回,卫州(今河南汲县)人。生性耿直,豪侠尚气。虽为宋太祖贺皇后族孙,所娶亦宗室之女,且有文武之才,却长期沉沦下僚,仕途不达。官至太平州(今安徽当涂)通判。晚年退居苏州横塘,自号庆湖遗老。贺铸诗、词、文兼擅,以词的成就最高。其词以秾丽婉约为主,亦有雄壮豪放之作,风格多样,是北宋中后期颇有影响的重要词家之一。存词283首,有《东山词》,一名《东山寓声乐府》。

鹧　鸪　天

【题解】

此词为贺铸在苏州悼念亡妻赵氏之作,词中通过细节描写,把对死者深切怀念之情,写得真挚凄婉,十分感人。词调原本作"半死桐思越人,亦名鹧鸪天",今据别本删。

重过阊门万事非[1],同来何事不同归[2]。梧桐半死清霜后,头白鸳鸯失伴飞[3]。原上草,露初晞[4]。旧栖新垅两依依[5]。空床卧听南窗雨,谁复挑灯夜补衣[6]。

【注释】

[1]阊门:苏州西城门。《太平寰宇记》卷九十一《苏州吴县》:"阊阖门,吴城西门也,以天门通阊阖,故名之。"此借指苏州。

[2]同来句:作者北人,曾携妻旅居苏州。当其离开苏州一段时间后,再度到此,其妻已亡,故云"不同归"。何事,为什么。孙光宪《北梦琐言》卷九载徐月英送人诗:"惆怅人间万事违,两人同去一人归。生憎平望亭前水,忍照鸳鸯相背飞!"

[3]梧桐二句:以"梧桐半死"与"鸳鸯失伴"比喻丧偶的悲哀。枚乘《七发》:"龙门之桐……其根半死半生。"白居易《为薛台悼亡》:"半死梧桐老病身。"又,孟郊《烈女操》:"梧桐相待老,鸳鸯会双死。"

[4]原上草二句:喻人生短暂,犹如草上之露水很快干掉一样。古乐府《薤露》:"薤上露,何易晞!露晞明朝更复落,人死一去何时归?"原上草,白居易《赋得古原草送别》:"离离原上草,一岁一枯荣。"晞:干。

[5]旧栖:指以前两人居住的寓所。新垅:指亡妻的新坟。

[6]谁复句:谓妻子生前常为他挑灯补衣。贺铸有《问内》诗云:"庚伏厌蒸暑,细君弄针缕。乌绨百结裘,茹茧加弥补。"

青 玉 案

【题解】

《青玉案》,《词谱》卷十五:"青玉案,汉张衡诗:'何以报之青玉案。'调名取此。"此调始见于苏轼《东坡词》,后宋人亦多用之。本篇以华赡的词藻,抒写"望美人兮不来"的"闲愁",以及作者退居苏州后的孤寂、苦闷。尤其是末几句,从多角度比喻闲愁,以景写情,创意新颖,为人交口称赏。周紫芝《竹坡诗话》卷一说:"贺方回尝作《青玉案》词,有'梅子黄时雨'之句,人皆服其工,士大夫谓之贺梅子。"词作问世后被称作"绝唱",黄庭坚赞道:"解道江南断肠句,只今惟有贺方回"(《寄方回》)。

凌波不过横塘路[1]，但目送、芳尘去[2]。锦瑟华年谁与度[3]？月桥花院[4]，琐窗朱户[5]，只有春知处。碧云冉冉蘅皋暮[6]，彩笔新题断肠句[7]。试问闲愁都几许[8]？一川烟草[9]，满城风絮[10]，梅子黄时雨[11]。

【注释】

[1]凌波:形容女子的轻盈步态。曹植《洛神赋》:"凌波微步,罗袜生尘。"横塘:在苏州西南十里,上有桥,桥上有亭,景色清幽。龚明之《中吴纪闻》卷三说贺铸"有小筑在盘门之南十里,地名横塘,方回往来其间,尝作《青玉案》词云"。

[2]芳尘:谓美人经过的地方,扬起的尘土中仍留有香气。此借指美人。

[3]锦瑟句:语本李商隐《锦瑟》诗:"锦瑟无端五十弦,一弦一柱思华年。"锦瑟,绘有彩色花纹的瑟。《周礼·乐器图》:"饰以宝玉者曰宝瑟,纹文如锦曰锦瑟。"锦瑟华年,指美好的青春年华。谁与度,即"与谁度"。杜甫《有怀台州郑十八司户》:"岁月谁与度?"

[4]月桥花院:一作"月台花榭"。

[5]琐窗:雕绘着连环形花纹的窗子。《后汉书·梁冀传》:"窗牖皆有绮疏青琐。"

[6]碧云:原本作"飞云",今据别本改。冉冉:流动貌。蘅皋:生长着香草的水边高地。蘅,杜蘅:一种香草。皋:水边高地。

[7]彩笔:南朝梁锺嵘《诗品》卷中《齐光禄江淹》条:"淹罢宣城郡,遂宿冶亭,梦一美丈夫,自称郭璞,谓淹曰:'我有笔在卿处多年矣,可以见还。'淹探怀中,得五色笔以授之。"后多以"彩笔"称文学家的生花妙笔。

[8]试问闲愁:原本作"若问闲情",据别本改。都:总共。

[9]一川:遍地。川:平地。

[10]风絮:随风飞舞的柳絮。

[11]梅子黄时雨:宋陆佃《埤雅》卷十三《释木·梅》:"今江、湘、二浙四五月之间,梅欲黄落则水润土溽,础壁皆汗,蒸郁成雨,其霏如雾,谓之'梅雨'"。俗称黄梅雨。陈元靓《岁时广记》卷一《春》《花信风》条引《本皋杂录》:"后唐人诗云:'楝花开后风光好,梅子黄时雨意浓。'"

周邦彦

　　周邦彦(1056—1121)，字美成，号清真居士，钱塘(今浙江杭州)人。神宗元丰七年，献《汴都赋》，被召为试太学正(参见孙虹《清真集校注·前言》及《清真事迹新证》)。哲宗元祐三年(1088 年)，出为庐州(今安徽合肥)教授，后任溧水(今江苏溧水)县尉。哲宗绍圣四年(1097 年)还朝，官至秘书省校书郎。徽宗朝，官至徽猷阁待制，提举大晟府。卒赠宣奉大夫。他是北宋后期影响颇大的著名词人，是北宋婉约词的集大成者。词的题材以写羁旅行役与咏物为主。他精通音律，能自度曲。作词格律法度精严，长调善于铺叙，语言工丽，融化前人辞赋诗句浑然天成。对南宋姜夔、张炎一派影响很大。王国维《人间词话》指出："美成深远之致不及欧、秦，唯言情体物，穷极工巧，故不失为第一流之作者；但恨创调之才多，创意之才少耳。"存词 186 首，有《片玉集》(又名《清真集》)。

苏　幕　遮

【题解】

　　词写作者久客京城对江南故乡的思念之情。其中"叶上"三句，描写雨后初阳照映下风荷的绰约姿态十分传神，王国维在《人间词话》卷上曾这样称道："此真能得荷之神理者。"

　　燎沉香[1]，消溽暑[2]。鸟雀呼晴，侵晓窥檐语[3]。叶上初阳干宿雨[4]，水面清圆[5]，一一风荷举[6]。故乡遥，何日去？家住吴门[7]，久作长安旅[8]。五月渔郎相忆否？小楫轻舟，梦入芙蓉浦[9]。

【注释】

[1]燎：小火烧炙。沉香：一名沉水，名贵的香料。

[2]溽暑：盛夏潮湿闷热的天气。

[3]侵晓句：语本徐璧《失题》："双燕今朝至，何时发海滨。窥檐向人语，如道故乡春。"侵晓，破晓，天刚亮。侵，近。

[4]宿雨：昨夜的雨。

[5]清圆：是说圆圆的荷叶十分清润。

[6]风荷：晨风中摇曳的荷叶。

[7]吴门：原指春秋时吴国都城（今江苏苏州），此泛指三吴之地，作者故乡钱塘，属吴郡，故云。

[8]长安：汉、唐故都，此借指北宋首都汴京。一说实指长安，参见孙虹校注、薛瑞生订补《清真集校注》第52页。

[9]小楫二句：是说梦回故乡，划着小船，进入了盛开荷花的湖塘。楫，船桨。芙蓉浦，即荷塘。芙蓉，荷花。

六五·蔷薇谢后作

【题解】

《六丑》，宋周密《浩然斋雅谈》卷下载："（宋徽宗）问《六丑》之义，莫能对。急召周邦彦问之，对曰：'此犯六调，皆声之美者，然绝难歌。昔高阳氏有子六人，才而丑，故以比之。'"清吴衡照《莲子居词话》也有类似记载。此调始见于周邦彦词。明杨慎《升庵长短句》以其名不雅，改为《个侬》。此词是周邦彦的代表作之一。主要写作者惜春爱花之情，发光阴虚掷之叹。全

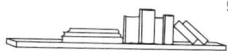

篇紧扣谢后的蔷薇花,"一气贯注,转折处如'天马行空'。所用虚字,无一不与文情相合"(龙榆生《唐宋名家词选》引夏敬观评语)。词意含蓄蕴藉,深婉缠绵。是宋词中咏物的名篇。此词原本题作"中吕落花",今据别本删。

正单衣试酒[1],恨客里、光阴虚掷[2]。愿春暂留,春归如过翼,一去无迹。为问花何在[3],夜来风雨,葬楚宫倾国[4]。钗钿堕处遗香泽[5]。乱点桃蹊,轻翻柳陌[6]。多情为谁追惜[7]?但蜂媒蝶使,时叩窗隔[8]。东园岑寂[9],渐蒙笼暗碧[10]。静绕珍丛底[11],成叹息。长条故惹行客,似牵衣待话[12],别情无极。残英小、强簪巾帻[13]。终不似一朵,钗头颤袅[14],向人欹侧[15]。漂流处、莫趁潮汐[16]。恐断红、尚有相思字,何由见得[17]?

【注释】

[1]试酒:品尝新酒。宋人每于农历三月末四月初,有尝新酒的习俗。见《武林旧事》卷三。

[2]恨:一作"怅"。

[3]花:一作"家"。

[4]夜来二句:是说美丽的蔷薇花被一夜风雨摧残了。唐韩偓《哭花》诗:"若是有情争不哭,夜来风雨葬西施。"楚宫倾国,楚宫中的美人,此喻谢落的蔷薇花。《韩非子·二柄》:"楚灵王好细腰,而国中多饿人。"《汉书》卷九十七上《李夫人传》载,李延年在武帝面前歌曰:"北方有佳人,绝世而独立。一顾倾人城,再顾倾人国。"倾国代称美人,本此。

[5]钗钿:女子的首饰,此处比喻飘落在地上的花瓣。徐夤《蔷薇》诗:"朝露洒时如濯锦,晚风飘处似遗钿。"

[6]乱点二句:形容蔷薇花散落之状。刘禹锡《踏歌词》:"桃蹊柳陌好经过,灯下妆成月下歌。"

［7］为：一作“最”。

［8］窗隔：即窗格。隔，一作“槅”。

［9］岑寂：静寂。

［10］蒙笼暗碧：指暮春树叶茂密浓绿。

［11］珍丛：指蔷薇花丛。

［12］长条二句：蔷薇有刺，会挂住人衣，故云。储光羲《蔷薇》：“袅袅长数寻，青青不作林。……高处红须欲就手，低边绿刺已牵衣。”

［13］强簪巾帻：是说勉强插戴在头巾上。帻，音“则”。

［14］颤袅：轻轻摆动。

［15］欹侧：倾斜。欹，音“七”。

［16］漂流二句：劝落花不要随着潮水漂流走了。潮，早潮。汐，晚潮。

［17］恐断红二句：典出范摅《云溪友议·题红怨》。是说卢渥到长安应试，偶然从御沟中拾得宫中漂流出来的一片红叶，叶上题诗道：“流水何太急？深宫尽日闲。殷勤谢红叶，好去到人间。”卢渥后来娶遣放的宫女，发现原来正是红叶题诗之人。宋刘斧《青琐高议·流红记》亦载有类似故事。何由见得，即何由得见。红，一作“鸿”。

李之仪

李之仪(1048—1117),北宋词人,字端叔,自号姑溪居士、姑溪老农,沧州无棣(今山东省庆云县)人。哲宗元祐初为枢密院编修官,通判原州。元祐末从苏轼于定州幕府,朝夕倡酬。元符中监内香药库,御史石豫参劾他曾为苏轼幕僚,不可以任京官,被停职。徽宗崇宁初提举河东常平。后因得罪权贵蔡京,除名编管太平州(今安徽当涂),后遇赦复官,晚年卜居当涂。著有《姑溪词》一卷、《姑溪居士前集》五十卷和《姑溪题跋》二卷。

卜 算 子

【解题】

这首词深得民歌的神情风味,明白如话,复叠回环,同时又具有文人词构思新巧。写出了隔绝中的永恒之爱,给人以江水长流情长的感受。语极平常,感情却深沉真挚。设想很别致,深得民歌风味,以情语见长。上片写相离之远与相思之切。用江水写出双方的空间阻隔和情思联系,朴实中见深刻。下片写女主人公对爱情的执着追求与热切的期望。用江水之悠悠不断,喻相思之绵绵不已,最后以己之钟情期望对方,真挚恋情,倾口而出。全词以长江水为抒情线索。悠悠长江水,既是双方万里阻隔的天然障碍,又是一脉相通、遥寄情思的天然载体;既是悠悠相思、无穷别恨的触发物与象征,又是双方永恒友谊与期待的见证。随着词情的发展,它的作用也不断变化,可谓妙用无穷。

我住长江头,君住长江尾。日日思君不见君,共饮长江水。　　　此水几时休^[1]?此恨何时已^[2]?只愿君心似我心,定^[3]不负相思^[4]意。

【注释】

[1]休:停止。

[2]已:完结,停止。

[3]定:此处为衬字。在词规定的字数外适当地增添一二不太关键的字词,以更好地表情达意,谓之衬字,亦称"添声"。

[4]思:想念,思念。

陈与义

陈与义(1090—1139),字去非,号简斋,祖籍京兆(今陕西西安),后避难迁蜀,至其曾祖时始迁洛阳,故为洛阳(今河南洛阳)人。徽宗政和三年(1113年)登上舍甲科,历官太学博士、著作佐郎、中书舍人、知湖州、参知政事。高宗绍兴八年(1138年)以病乞退。平生以诗名世,被方回称为江西诗派"三宗"之一。其词成就虽不如诗,却诗味犹存,比较精美;情调虽感伤,却语意超绝,风格超旷劲朗。《四库全书总目》称其词"吐言天拔,不作柳禅莺娇之态,亦无蔬笋之气,殆于首首可传。"存词18首,有《简斋集》《无住词》。

临江仙·夜登小阁,忆洛中旧游[1]

【题解】

此词作于绍兴五年(1135年)前后作者退居湖州青墩镇僧舍时。词中回忆洛中旧游,感慨深沉。一气贯注,清婉奇丽,明快自然。历代词论家对此词颇多称赏,胡仔说:"《简斋集》后载数词,惟此词为优"(《苕溪渔隐丛话·后集》卷三十四)。张炎亦谓:"至若陈简斋'杏花疏影里,吹笛到天明'之句,真是自然而然"(《词源》卷下)。

忆昔午桥桥上饮[2],坐中多是豪英。长沟流月去无声[3]。杏花疏影里,吹笛到天明。二十余年如一梦,此身虽在堪惊[4]。闲登小阁看新晴[5]。古今多少事,渔唱起三更[6]。

【注释】

[1]洛中:指北宋时西京洛阳(今河南洛阳)。

[2]午桥:在洛阳之南。《大清一统志·河南府》:"午桥庄,在洛阳县南十里。"《新唐书·裴度传》载,裴度晚年在"午桥作别墅,具燠馆凉台,号绿野堂,激波其下。度野服萧散,与白居易、刘禹锡为文章,把酒穷昼夜相欢,不问人间事"。此句句法本晁冲之《临江仙》:"忆昔西池池上饮,年年多少欢娱。"

[3]长沟:清黄苏《蓼园词选》说:"'长沟流月'则'月涌大江流'(见杜甫《旅夜抒怀》)之意。"长沟,指大江大河。

[4]此身句:是说自己虽然健在,但想起国家的破碎和自身流落南方,"避乱襄汉,转湖湘,逾岭峤"(《宋史·文苑传》)的艰危经历,不禁心惊神伤。

[5]新晴:雨天初晴。

[6]古今二句:是说古往今来多少兴亡之事,都不过作为三更时分渔翁歌唱的材料罢了。

朱敦儒

朱敦儒(1081—1159),字希真,号岩壑,洛阳(今河南洛阳)人。早有声名,隐居不仕。南渡后,由流落岭南而应召赐进士出身,任秘书省正字,迁两浙东路提点刑狱。晚年被迫出任鸿胪少卿十余天,秦桧死后被罢黜。他一生虽曾为官,却更多隐居生活;虽生活放浪自在,却对现实并不麻木。他蔑视权贵,反对议和。其词真实地反映了他的人生历程,可以看出他的人格追求。词风也由婉丽而悲愤而明白晓畅,随着人生经历而变化。存词246首,有词集《樵歌》。

鹧鸪天·西都作[1]

【题解】

此词一题"自述"。靖康中,当朝廷征召朱敦儒进京为官时,"敦儒辞曰:'麋鹿之性,自乐闲旷,爵禄非所愿也,'固辞还山"(《宋史·文苑·朱敦儒传》)。这首词就是他从京师返回洛阳后所作。词中表达了他放浪山水,傲视王侯的人生情怀。全词风格清爽隽永,语言流畅谐婉。

我是清都山水郎[2]。天教分付与疏狂[3]。曾批给雨支风券,累上留云借月章[4]。诗万首,酒千觞[5],几曾着眼看侯王。玉楼金阙慵归去[6],且插梅花醉洛阳。

【注释】

[1]西都:宋朝时指西京洛阳。

[2]清都山水郎:天上管理山水的郎官。清都:传说中天帝的宫阙。《列子·周穆王》:

"清都紫微,钧天广乐,帝之所居。"

[3]分付:一作"懒漫"。疏狂:狂放不羁。

[4]曾批二句:是说无论"给雨支风",还是"留云借月",都由他经办。卷、章,指文书。雨,一作"露"。卷,一作"敕"。

[5]觞:古时盛酒的容器,即今酒杯。

[6]玉楼金阙:天上宫阙,此指朝廷。慵,懒。

相 见 欢

【题解】

此词抒发作者面对中原沦陷、国破家亡的悲愤。清代词评家陈廷焯曾将这首词与赵鼎、张元幹、刘过、刘克庄等人的爱国词相提并论,认为这些词"皆慷慨激烈,发欲上指","足以使懦夫有立志"(《白雨斋词话》卷六)。

金陵城上西楼,倚清秋[1]。万里夕阳垂地,大江流。中原乱[2],簪缨散[3],几时收。试倩悲风吹泪[4],过扬州[5]。

【注释】

[1]倚:凭靠。

[2]中原乱:指靖康年间金兵入侵中原,北宋灭亡。

[3]簪缨:达官贵人的帽饰,此代指宋朝官吏。

[4]倩:请托。悲风:秋风。

[5]扬州:今江苏扬州,当时为抗金前线。

李清照

李清照(1084—1151?),号易安居士,济南(今山东济南)人。其父李格非是著名的学者。丈夫赵明诚是宰相赵挺之之子,历任州郡地方长官,也是金石学家。他们婚后志趣相投,生活一度平静自得。北宋亡后,逃难江南。不久丈夫病逝,她流离于江南,过着动荡凄苦的生活。她喜好收藏、鉴赏金石书画,工于诗文,尤以词著称于世,是古代词坛上著名的女词人。她提出了词"别是一家"的理论,对维护词体独立的特点影响较大;其词不仅较真实地反映了南渡前后她的生活与情感历程,而且以其独具特色的语言,白描的手法,生动的艺术形象,深为人们称道。她的成就正如前人所说:"易安在宋诸媛中,自卓然一家,不在秦七、黄九之下,词无一首不工……盖不徒俯视巾帼,直欲压倒须眉"(李调元《雨村词话》)。存词52首,有《漱玉词》。

渔 家 傲

【题解】

此词一题"记梦",是一首托梦言志的词。通过述梦,表现主人公在理想与现实的矛盾中内心的苦闷与追求。主人公的情怀以豪放之气传出,在李清照词中是别具一格的。正如梁启超所说:"此绝似苏辛派,不类《漱玉集》中语"(《艺蘅馆词选》乙卷引)。

天接云涛连晓雾,星河欲转千帆舞。仿佛梦魂归帝所[1]。闻天语,殷勤问我归何处？我报路长嗟日暮[2]，学诗谩有惊人句[3]。九万里风鹏正举[4]。风休住，蓬舟吹取三山去[5]。

【注释】

[1]帝所：天帝所居之处。《史记·扁鹊传》："昔秦穆公尝如此，七日而寤。寤之日，告公孙支与子舆曰：'我之帝所甚乐。'"

[2]我报句：《楚辞·离骚》："欲少留此灵琐兮，日忽忽其将暮。……路曼曼其修远兮，吾将上下而求索。"报，回答。

[3]惊人句：杜甫《江上值水如海势聊短述》："为人性僻耽佳句，语不惊人死不休。"谩有，徒有。

[4]九万里句：《庄子·逍遥》："穷发之北，有冥海者，天池也。……有鸟焉，其名为鹏，背若泰山，翼若垂天之云，抟扶摇羊角而上者九万里。"举，高飞。

[5]三山：传说渤海中有蓬莱、方丈、瀛洲三神山（见《史记·封禅书》）。此当泛指仙山。

如 梦 令

【题解】

苏轼《如梦令》词序："此曲本唐庄宗，名《忆仙姿》，嫌其名不雅，故改为《如梦令》。庄宗作此词，卒章云：'如梦如梦，和泪出门相送。'因取以为名云"（见《全宋词》400页）。此词或题作"春晚"、"暮春"、"春晓"者。词中写惜花心情，表现主人公对大自然的爱恋。"只数语中层次曲折有味"（陈廷焯《云韶集》卷十）。其中"绿肥红瘦"四字，造语甚新，历来为人称赏。

昨夜雨疏风骤,浓睡不消残酒。试问卷帘人[1],却道海棠依旧。知否?知否?应是绿肥红瘦[2]。

【注释】

[1]卷帘人:此指侍女。

[2]绿肥红瘦:指叶绿茂,花凋零。

一 剪 梅

【题解】

《一剪梅》,调见北宋周邦彦词(参见《全宋词》802页),周词有"一剪梅花万样娇"句,故名。此词语浅情浓,写出了作者对丈夫的不尽相思情怀。不仅首句"精秀特绝"(陈廷焯《白雨斋词话》卷二),末二句亦将主人公的难消之愁写得曲折而形象。主人公深挚之情于词中处处可见。

红藕香残玉簟秋[1],轻解罗裳[2],独上兰舟[3]。云中谁寄锦书来[4],雁字回时[5],月满西楼。花自飘零水自流,一种相思,两处闲愁。此情无计可消除,才下眉头,却上心头。

【注释】

[1]玉簟:竹席的美称,言其华贵。卢仝《自君之出矣》:"玉簟寒凄凄。"簟,音"电"。

[2]罗裳:丝绸裙子。

[3]兰舟:即木兰舟。因木兰作舟,坚而且香,故诗家遂以为船的美称。

[4]锦书:指书信,且多指情书。《晋书·列女传·窦滔妻苏氏》:"滔,苻坚时为秦州刺

史,被徙流沙。苏氏思之,织锦为回文旋图以赠滔,宛转循环以读之,词甚凄惋。"

[5]雁字:群雁飞行时的阵形或如"一"字,或如"人"字,故云。

醉花阴

【题解】

《醉花阴》,调见北宋毛滂词(见《全宋词》875 页)。此词或题作"九日"、"重阳"、"重九"。这是一首著名的相思词。元人伊世珍《琅嬛记》卷中引《外传》云:"易安以重阳《醉花阴》词函致明诚。明诚叹赏,自愧弗逮,务欲胜之。一切谢客,忘食忘寝者三日夜,得五十阕,杂易安作,以示友人陆德夫。德夫玩之再三,曰:'只三句绝佳。'明诚诘之,答曰:'莫道不消魂,帘卷西风,人比黄花瘦。'政(正)易安作也。"这虽是传说,未必可信,但此词的确"无一字不秀雅",是"深情苦调"之作(陈廷焯《云韶集》卷十)。尤其是结尾三句,以生动形象的比喻写苦苦相思之情,成为传诵的名句。

薄雾浓云愁永昼,瑞脑消金兽[1]。佳节又重阳,玉枕纱厨[2],半夜凉初透。东篱把酒黄昏后[3],有暗香盈袖。莫道不消魂[4],帘卷西风,人比黄花瘦。

【注释】

[1]瑞脑:一称龙脑,香料。金兽:铜制的兽形香炉。

[2]玉枕:瓷枕的美称。纱厨:纱帐。

[3]东篱:菊园。陶渊明《饮酒》(其五):"采菊东篱下,悠然见南山。"

[4]消魂:形容极度忧伤愁苦。

声 声 慢

【题解】

《声声慢》，又名《胜胜慢》，有平仄两体。平韵体首见晁补之词（参见《全宋词》742页），仄韵体首见于此。这首词是李清照晚年之作。此词或题作"秋情"、"秋闺"、"秋词"。作者通过对清秋环境的感受，抒发了国破家亡给她带来的无限痛苦和不尽愁情。其中连用叠字，"真如大珠小珠落玉盘也"（徐釚《词苑丛谈》卷三），的确是"创意出奇"（罗大经《鹤林玉露》卷十二），使人耳目一新。

寻寻觅觅，冷冷清清，凄凄惨惨戚戚[1]。乍暖还寒时候，最难将息[2]。三杯两盏淡酒，怎敌他、晚来风急！雁过也，正伤心，却是旧时相识[3]。满地黄花堆积，憔悴损，如今有谁堪摘[4]！守着窗儿，独自怎生得黑[5]！梧桐更兼细雨，到黄昏、点点滴滴。这次第[6]，怎一个愁字了得！

【注释】

[1]戚戚：忧愁的样子。

[2]将息：调养，保养。

[3]雁过也三句：是说丈夫去世，人正伤心，却又见旧时相识的雁儿（曾多次在他们之间传递书信的雁儿）飞过，倍感伤心。鸿雁传书，见班固《汉书·苏武传》。

[4]有谁堪摘：谓丈夫去世，如今有谁堪与共摘。

[5]怎生：怎样。生，语助词。

[6]次第：情况。

张元幹

张元幹(1091—1161?),字仲宗,自号芦川居士,永福(今福建永泰)人,一说长乐(今福建长乐)人。南渡后前生活狂放,词风多轻艳。南渡后官至将作少监,绍兴初致仕。后因作词送胡铨,触怒秦桧,得罪除名。靖康之难以后,词作多感慨国事,词风多慷慨悲凉。存词 185 首,有《芦川归来集》《芦川词》。

石州慢·己酉秋吴兴舟中作[1]

【题解】

《石州慢》,又名《石州引》,见贺铸词(参见《全宋词》695 页)。南宋建炎三年(1129 年)夏,金兵再次南侵,高宗仓皇南逃。张元幹此时正在吴兴(今浙江湖州)避难,他怀着对金兵入侵的愤慨和国家危亡的忧伤,写下这篇声情悲壮的动人作品。词中既有报国的壮志,亦有无路请缨的愤懑,感情沈郁苍凉。"人称其长于悲愤"(毛晋《芦川词跋》),于此可见。

雨急云飞,惊散暮鸦,微弄凉月。谁家疏柳低迷[2],几点流萤明灭。夜帆风驶,满湖烟水苍茫,菰蒲零乱秋声咽[3]。梦断酒醒时,倚危樯清绝。心折[4]。长庚光怒[5],群盗纵横,逆胡猖獗[6]。欲挽天河,一洗中原膏血[7]。两宫何处[8]。塞垣祇隔长江[9],唾壶空击悲歌缺[10]。万里想龙沙[11],泣孤臣吴越[12]。

【注释】

[1]己酉:宋高宗建炎三年(1129 年)。其时金人南侵,高宗从扬州渡江南逃至临安(今浙江杭州),后又转至越州(今浙江绍兴)、明州(今浙江宁波)。

[2]低迷:迷茫,模糊不清。

[3]菰蒲:俗称"茭白",多年生草本植物,生长在浅水中,可食用。蒲:指香蒲,多年生草本植物,生长在河滩上,叶狭长,可编包、扇、席用。菰,音"估"。

[4]心折:喻伤心之极。江淹《别赋》:"使人意夺神骇,心折骨惊。"

[5]长庚:即金星。《史记·天官书》:"长庚如一匹布着天,见则兵起"。又《汉书·天文志》云:"(金星)未当出而出,未当入而入,天下起兵,有至破国。"长庚光怒是说长庚发出特别强烈的光芒。这预示着人间战祸方殷。

[6]群盗二句:是说当时国内矛盾和民族矛盾都很尖锐。群盗,既指兵变叛乱者,也指各地的农民起义军。逆胡,指入侵的金兵。

[7]欲挽二句:是说要挽天河之水,洗中原沦陷之耻。语本杜甫《洗兵马》:"安得壮士挽天河,尽洗甲兵长不用。"

[8]两宫:指宋徽宗和宋钦宗二帝。北宋亡时均被金人掳去。

[9]塞垣:指边界。其时,宋、金以长江为界,故云。

[10]唾壶句:刘义庆《世说新语·豪爽》载:"王处仲每酒后,辄咏'老骥伏枥,志在千里。烈士暮年,壮心不已。'以如意打唾壶,壶口尽缺。"作者化用此事,是说自已空有报国雪耻之心,却不能付诸实现。

[11]龙沙:西域白龙堆沙漠。《后汉书·班超传赞》:"定远慷慨,专攻西遐,坦步葱雪,咫尺龙沙。"李贤注:"葱岭、雪山、白龙堆沙漠也。"李白《塞下曲》:"将军分虎竹,战士卧龙沙。"此指金人囚禁徽宗、钦宗的塞外之地。

[12]孤臣:作者自称。吴、越:是南宋的统治中心地区,即今江苏南部和浙江一带。

石 州 慢

【题解】

这是一首写游子思家的伤春词。开头三句写春回,接下二句咏梅,"天涯旧恨"是全词主旨。下阕转写对家中妻子的思念,抒发相思之苦。有人认为此词是作者借思家写政治上受迫害的复杂心情。词意含蓄蕴藉,耐人咀嚼。

寒水依痕[1],春意渐回,沙际烟阔[2]。溪梅晴照生香,冷蕊数枝争发。天涯旧恨,试看几许消魂?长亭门外山重叠。不尽眼中青,是愁来时节。情切,画楼深闭,想见东风,暗消肌雪[4]。孤负[3]枕前云雨,尊前花月。心期切处,更有多少凄凉,殷勤留与归时说。到得再相逢,恰经年离别。

【注释】

[1]"寒水"句:杜甫《冬深》诗"花叶惟天意,江溪共石根。早露随类影,寒水各依痕。"此处化用其决心书。

[2]"春意"二句:杜甫《阆水歌》:"更复春从沙际归。"

[3]孤负:同辜负。枕前云雨:此处指夫妇欢合。即宋玉《高唐赋序》中的"旦为朝云,暮为行雨",借指男女相爱。

[4]肌雪:指人的皮肤洁白如雪。

陆　游

　　陆游(1125—1210)，字务观，自号放翁。越州山阴(今浙江绍兴县)人。他生活在南宋王朝受金国侵扰压迫正深的时代。少年时，喜论恢复，主张抗战，遭到秦桧的嫉恨。秦桧死后，他曾屡次上书宋高宗，主张北伐抗金，结果都没被采纳。孝宗初期，主战派一度受到重用。后因张浚北伐，首战失利，最后还是走上屈辱投降的老路，于隆兴二年(1164年)下诏与金议和。陆游因支持北伐，被黜回乡。乾道五年(1169年)，他任夔州(今四川奉节)通判，来到四川。以后又参加川陕宣抚使王炎和蜀帅范成大的幕府，在川陕生活了九年(1169—1178)。他认为这一段生活，比较接近抗战前方，是他一生最足想念的时期，后来把自己的诗集题名为《剑南诗稿》。离蜀后，继续在江西、浙江、福建等地做地方官，由于一直坚持抗金的主张，始终为投降派所排斥。晚年退居山阴故乡。宋宁宗嘉定二年(1210年)死，年八十六岁。《宋史》卷三百九十五有传。

卜算子·咏梅

【解题】

　　这首词以清新的情调写出了傲然不屈的梅花，暗喻了自己的坚贞不屈，笔致细腻，意味深隽，是咏梅词中的绝唱。那时陆游正处在人生的低谷，他的主战派士气低落，因而十分悲观，整首词十分悲凉，尤其开头渲染了一种冷漠的气氛和他那不畏强权的精神。

驿外^[1]断桥^[2]边,寂寞^[3]开无主^[4]。已是黄昏独自愁,更著^[5]风和雨。无意^[6]苦^[7]争春^[8],一任^[9]群芳^[10]妒^[11]。零落^[12]成泥碾^[13]作尘^[14],只有香如故^[15]。

【注释】

[1]驿外:指荒僻、冷清之地。驿:驿站,古代传递政府文书的人中途换马匹休息、住宿的地方。

[2]断桥:残破的桥。一说"断"通"簖",簖桥乃是古时在为拦河捕鱼蟹而设簖之处所建之桥。

[3]寂寞:孤单冷清。

[4]无主:无人过问,无人欣赏。

[5]著:同"着",这里是遭受的意思。更著:又遭到。

[6]无意:不想,没有心思。自己不想费尽心思去争芳斗艳。

[7]苦:尽力,竭力。

[8]争春:与百花争奇斗艳。此指争权。

[9]一任:任凭。

[10]群芳:群花、百花。隐指权臣、小人。

[11]妒:嫉妒。

[12]零落:凋谢。

[13]碾:轧碎。

[14]作尘:化作灰土。

[15]香如故:香气依旧存在。

钗 头 凤

【题解】

　　《钗头凤》，即《撷芳词》。陆游因原《撷芳词》中有"可怜孤似钗头凤"句名之。周密《齐东野语》卷一载：此词是绍兴乙亥年（1155 年）陆游三十一岁时，与前妻唐婉相遇而作。据该书所载，唐婉是陆游舅父唐闳之女，与陆游婚后，"伉俪相得，而弗获于其姑"，终被迫离异。陆游另娶，唐亦改嫁同郡赵士程。后来在一次春游中二人"相遇于禹迹寺南之沈氏园。唐以语赵，遣致酒肴。翁怅然久之，为赋《钗头凤》一词题园壁间云……实绍兴乙亥岁（1155 年）也。"此词将一幕爱情婚姻的悲剧展现在人们面前，表达了作者对美满婚姻被拆散的痛苦和无可奈何的心情，感情真挚深切。唐氏读了此词，曾和答一首同样凄婉的词，不久便抑郁愁怨而死。

　　红酥手，黄縢酒[1]，满城春色宫墙柳。东风恶[2]，欢情薄，一怀愁绪，几年离索[3]。错，错，错！春如旧，人空瘦，泪痕红浥鲛绡透[4]。桃花落，闲池阁。山盟虽在，锦书难托[5]。莫，莫，莫[6]！

【注释】

[1]黄縢酒：即黄封酒，当时的官酒。宋施元之注苏轼《岐亭五首》（其三）云："京师官法酒，以黄纸或黄罗绢封幂瓶口，名黄封酒。"

[2]东风恶：周邦彦《瑞鹤仙》："东风何事又恶？"这里"东风"暗喻陆游的母亲。

[3]离索：离散，离群索居。见《礼记·檀弓上》郑玄注："索，犹散也。"

[4]浥：湿润，音"义"。鲛绡：传说鲛人所织的绡，"价值百余金，以为服，入水不濡"（见

任昉《述异记》)。此指手帕。

[5]锦书:见前李清照《一剪梅》注[4]。

[6]莫莫莫:罢了之意,表示无可奈何。司空图《耐辱居士歌》:"休休休,莫莫莫。"俞平伯在《唐宋词选释》下卷中说:"'错莫'本是连绵词,屡见六朝唐人诗中,如鲍照《行路难》'眼花错莫与先异',杜甫《瘦马行》'失主错莫无晶光',有寥落、落寞之义。本篇将它拆开,在两片分作结句,似亦含有这种意思。"

附:

钗头凤

唐 婉

世情薄,人情恶,雨送黄昏花易落。晓风干,泪痕残。欲笺心事,独语斜阑。难,难,难!人成各,今非昨,病魂常似秋千索。角声寒,夜阑珊。怕人寻问,咽泪装欢。瞒,瞒,瞒!

诉 衷 情

【题解】

《诉衷情》,唐教坊曲名,用为词调首见《花间集》。此词为陆游晚年之作。全词通过今昔强烈对比,抒发了报国无路、壮志难酬的悲愤之情。一位爱国者的形象跃然纸上。

当年万里觅封侯[1]。匹马戍梁州[2]。关河梦断何处[3],尘暗旧貂裘[4]。胡未灭,鬓先秋[5],泪空流。此生谁料,心在天山[6],身老沧洲[7]。

【注释】

[1]万里觅封侯:《后汉书·班超传》载,班超曾辍业投笔叹曰:"大丈夫无它志略,犹当效傅介子、张骞立功异域,以取封侯,安能久事笔研间乎?"其后又拜访相面者,相面者对班超说:"祭酒,布衣诸生耳,而当封侯万里之外。"认为他有"万里侯相"。后来他在西域建有大功,封为定远侯。这里借指立功报国。

[2]匹马句:指乾道八年(1172年)陆游四十八岁时,在汉中任四川宣抚使王炎的幕僚。梁州,古州名,治所在今陕西汉中一带。

[3]关河:关塞河防。此指抗金前线。

[4]尘暗句:《战国策·秦策一》:"(苏秦)说秦王,书十上而不行,黑貂之裘敝,黄金百斤尽,资用乏绝,去秦而归。"这里暗用苏秦的典故,以貂裘积满灰尘,表明自己长期闲置而无法为国效力。

[5]鬓先秋:鬓发早已白如秋霜。秋,秋霜,此形容发白。

[6]天山:在今新疆。此借指抗金前线。

[7]沧洲:水边,古时泛指隐者遁迹之处。

张孝祥

张孝祥(1132—1169),字安国,号于湖居士,和州乌江(今安徽和县)人。高宗绍兴二十四年(1154年)廷试,钦定进士第一,授承事郎、签书镇东军节度判官。曾为秦桧所忌,未得重用。秦桧死后历任秘书省正字、中书舍人等职。孝宗即位,历任地方长官,直学士院,兼领建康留守。乾道五年(1169年),以显谟阁直学士致仕。他主张抗战和政治革新,居官有政绩。工诗文,尤长于词。其词多感慨国事,抒发抗战爱国之情;词风豪壮雄放,学东坡而有自己的特色。存词224首,有《于湖词》(一作《于湖居士长短句》)传世。

六州歌头

【题解】

《六州歌头》,调见贺铸词(参见《全宋词》693页)。杨慎《词品》卷一:"《六州歌头》,本鼓吹曲也。音调悲壮。又以古兴亡事实之,闻之使人感慨,良不与艳词同科,诚可喜也。六州得名,盖唐人西边之州:伊州、梁州、甘州、石州、渭州、氐州也"(此说亦见程大昌《演繁露》卷十六)。宋孝宗隆兴元年(1163年),张浚出师北伐,然因将帅不和,宋军溃败于符离,主和派趁势抬头,和议复起。作者时为张浚都督府参赞军事,有感于此,遂作此词。全词将抒情、描写、议论融为一体。不仅描绘沦陷区的凄凉和敌人的猖獗,讽刺朝廷的投降行径,而且反映中原父老对王师北伐的渴望,抒发作者报国无门、壮志难酬的悲愤,忠愤之气贯于全篇,词情慷慨激越。正如陈

廷焯所说:"淋漓痛快,笔饱墨酣。读之令人起舞"(《白雨斋词话》卷六)。据《说郛》卷二九《朝野遗记》载,张孝祥"在建康留守席上作《六州歌头》,张魏公(浚)读之,罢席而入"(亦见《历代诗余》卷一百十七引)。一说此词作于绍兴三十二年(1162年),参见宛敏灏《张孝祥词笺校·前言》。

　　长淮望断[1],关塞莽然平[2]。征尘暗,霜风劲,悄边声[3],黯销凝[4]。追想当年事[5],殆天数,非人力。洙泗上,弦歌地,亦膻腥[6]。隔水毡乡[7],落日牛羊下[8],区脱纵横[9]。看名王宵猎[10],骑火一川明。笳鼓悲鸣,遣人惊。念腰间箭,匣中剑,空埃蠹[11],竟何成!时易失,心徒壮,岁将零,渺神京[12]。干羽方怀远[13],静烽燧[14],且休兵。冠盖使[15],纷驰骛[16],若为情[17]。闻道中原遗老,常南望、翠葆霓旌[18]。使行人到此,忠愤气填膺,有泪如倾。

【注释】

[1]长淮:即淮河。绍兴和议后,宋金即以淮河为界。

[2]莽然:草木茂密的样子。

[3]悄边声:谓边防废弛,边塞寂静。

[4]黯消凝:无语出神的感伤貌。用江淹《别赋》"黯然销魂"语意。

[5]当年事:指靖康年间中原沦陷、二帝被掳之事。

[6]洙泗上三句:谓历史悠久的礼乐之邦已被敌人占领。洙、泗,二水名,流经今山东曲阜(春秋时鲁国的都城),当年孔子讲学的地方。《礼记·檀弓上》:"吾与汝事夫子于洙泗之间。"弦歌地,有礼乐文化的地方。《论语·阳货》:"子之武城,闻弦歌之声。"膻腥,牛羊的腥臊气味。

[7]毡乡:金人为游牧民族,以毡帐为居,故称其住地为毡乡。

[8]落日句:《诗经·王风·君子于役》:"日之夕矣,羊牛下来。"此写望中所见。

[9]区脱:汉时匈奴在边界所筑供瞭望用的土室,区,音"欧"。《汉书·苏武传》:"区脱捕得云中牲口。"颜师古注引服虔曰:"区脱,土室。"此指金兵的土堡。

[10]名王:诸王中有大名者(参见《汉书·宣帝纪》神爵二年颜师古注)。这指金国的将帅。

[11]埃蠹:尘封虫蛀,言武器置不用。

[12]神京:指北宋故都汴京。

[13]干羽句:指用文德怀柔远方。意指朝廷向敌人求和投降。《尚书·虞书·大禹谟》:"帝乃诞敷文德,舞干羽於两阶。七旬,有苗格。"孔颖达疏"帝乃大布文德,舞干羽于两阶之间。七旬而有苗自服来至。"干,盾牌;羽,雉鸡毛。皆舞者所执。

[14]烽燧:古代边境上用来报警的烽烟。

[15]冠盖使:指与金议和的使者。冠盖:使者的冠服与车马。

[16]驰骛:奔走忙碌。

[17]若为情:何以为情,难为情。

[18]翠葆霓旌:指帝王的仪仗。翠葆:翠羽为饰的车盖。霓旌:虹霓似的五彩旌旗。

念奴娇·过洞庭

【题解】

宋孝宗乾道二年(1166年),张孝祥因遭谗落职,自静江(今广西桂林)北归,途经洞庭湖时写下此词。作者用浪漫的手法,奇特的想象,将坦荡高洁的人格境界与广阔的"表里俱澄澈"的湖光月色融为一体,景中有情。表现了作者遭谗言后的坦荡与愤疾,落职后的旷达与洒脱。清人王闿运云:"飘飘有凌云之气,觉东坡'水调'犹有尘心"(《湘绮楼词选》)。的确如宋人魏了翁所说:"张于湖有英姿奇气……洞庭所赋,在集中最为杰特"(《鹤山大全集》)。

洞庭青草[1]，近中秋、更无一点风色。玉鉴琼田三万顷[2]，着我扁舟一叶[3]。素月分辉，明河共影[4]，表里俱澄澈。悠然心会，妙处难与君说。应念岭海经年[5]，孤光自照，肝肺皆冰雪[6]。短发萧骚襟袖冷[7]，稳泛沧浪空阔[8]。尽吸西江[9]，细斟北斗[10]，万象为宾客[11]。扣舷独笑[12]，不知今夕何夕[13]？

【注释】

[1]青草:湖名,在洞庭湖之南,二湖相连,总称洞庭湖。

[2]玉鉴琼田:形容月光下的洞庭湖空明澄澈。玉鉴,玉镜。鉴,一作"界"。琼,美玉。

[3]扁舟一叶:苏轼《前赤壁赋》:"驾一叶之扁舟。"

[4]明河:银河。明,一作"银"。

[5]岭海:今两广之地,北倚五岭,南临南海,故称岭海。海,一作"表"。经年:经过一年。指作者知静江府,任广南西路经略安抚使一年多之事。

[6]孤光二句:表明自己冰清玉洁的人格。孤光,指月。苏轼《西江月》:"中秋谁与共孤光,把盏凄然北望"。肺,一作"胆"。

[7]萧骚:此指头稀疏。骚,一作"疏"。

[8]沧浪:水青色。陆机《塘上行》:"发藻玉台下,垂影沧浪泉。"此指清澈的湖水。浪,一作"溟"。

[9]吸:一作"挹"。西江:西来的大江,此指与洞庭湖之西相通的长江。

[10]细斟句:谓以北斗为杯,低斟浅酌。《楚辞·九歌·东君》:"援北斗兮酌桂浆。"北斗,北斗七星状如酒斗,故云。

[11]万象:宇宙万物。

[12]舷:船边。苏轼《前赤壁赋》:"扣舷而歌之。"笑,一作"啸"。

[13]不知句:谓此良夜真美不可言。《诗经·唐风·绸缪》:"今夕何夕,见此良人。"杜甫《赠卫八处士》:"今夕复何夕,共此灯烛光。"苏轼《念奴娇》:"今夕不知何夕。"皆与此同为赞美之辞。

辛弃疾

　　辛弃疾(1140—1207年),宇幼安,自号稼轩居士,济南历城(今山东济南)人。他出生的时候,山东沦陷入金,已经十五年,他二十二岁时,参加了当时农民义军领袖耿京的抗金队伍,曾屡次劝耿京归宋。后来耿京为叛徒张安国所杀,他活捉了张安国,率领万余义军渡河南归。他到南宋后,多次上书陈述抗金的策略,却不被屈辱求和的统治者所采纳。只让他做些地方闲官,并且被派去镇压赖文政所领导的茶民起义军。后来罢官闲居达二十年以上。晚年,在韩侂胄(音托宙)当宰相时,曾一度起用辛弃疾为浙东安抚使和镇江知府。他主张北伐,却反对草率用兵,不久又被免职。后来韩伐金大败,辛弃疾也在抑郁中死去,时年六十七岁。《宋史》卷四百零一有传。

水龙吟·登建康赏心亭 [1]

【题解】

　　此词作于孝宗淳熙元年(1174年),时辛弃疾在建康任江东安抚司参议官。一说,作于孝宗乾道五年(1169年)。此时作者南归已有十二年了,当年抱负未能施展,中原沦陷国势依旧。重到建康,登临远眺,感慨万千。对国事的忧患与悲愤,壮志未酬的抑郁与失落,种种丰富而复杂的心情,不能不于词中一吐为快。故词中豪壮之怀与沉痛之情交织在一起,成为摧柔为刚的传世名作。

楚天千里清秋,水随天去秋无际。遥岑远目[2],献愁供恨,玉簪螺髻[3]。落日楼头,断鸿声里[4],江南游子,把吴钩看了[5],栏干拍遍,无人会、登临意。休说鲈鱼堪脍。尽西风、季鹰归未[6]?求田问舍,怕应羞见,刘郎才气[7]。可惜流年,忧愁风雨,树犹如此[8]!倩何人,唤取盈盈翠袖[9],揾英雄泪[10]?

【注释】

[1]赏心亭:《景定建康志》卷二十二:"赏心亭在下水门之城上,下临秦淮,尽观览之胜。丁晋公谓建。"

[2]遥岑远目:"远目遥岑"之倒装。韩愈《城南联句》:"遥岑出寸碧,远目增双明。"遥岑,远山。远目,一作"远日"。

[3]玉簪螺髻:喻山。韩愈《送桂州严大夫》诗:"江作青罗带,山如碧玉簪。"皮日休《缥缈峰》诗:"似将青螺髻,撒在明月中。"

[4]断鸿:孤雁。

[5]吴钩:春秋时吴国打造的一种弯形的兵器。此指佩刀。

[6]休说三句:是说自己不会像张翰那样弃官思归。《世说新语·识鉴第七》:"张季鹰辟齐王东曹掾,在洛,见秋风起,因思吴中菰菜羹、鲈鱼脍,曰:'人生贵得适意尔,何能羁宦数千里以要名爵!'遂命驾便归。"季鹰,张翰字,西晋吴郡(今江苏苏州)人。《晋书》有传。

[7]求田三句:以刘备批评许汜的故事,表明辛弃疾有忧国忘家之心,而无求田问舍之意。据《三国志·魏志·陈登传》载,许汜对刘备说起他见陈元龙而遭冷遇之事,刘备当即批评他:"君有国士之名,今天下大乱,帝主失所,望君忧国忘家,有救世之意,而君求田问舍,言无可采,是元龙所讳也,何缘当与君语!"求田问舍,指购置田地和房产。刘郎,指刘备。

[8]树犹如此:《世说新语·言语第二》:"桓公(桓温)北征,经金城,见前为琅邪时种柳皆已十围,慨然曰:'木犹如此,人何以堪!'攀枝执条,泫然流泪。"

[9]盈盈翠袖:指歌女。盈盈,一作"红巾"。

[10]揾:擦,音"问"。

破阵子·为陈同甫赋壮词以寄之

【题解】

陈同甫,陈亮字同甫,南宋杰出的爱国主义者,是辛弃疾志同道合的好友。宋孝宗淳熙十五年(1188年)冬,辛弃疾、陈亮同游鹅湖(山名,在今江西省铅山县东北,山上有湖,晋朝人龚氏曾养鹅于此,故名。山下有鹅湖寺,风景幽美,辛弃疾乡居时经常来此游玩),纵论国家大事。二人分别后,彼此频频以诗词寄赠,进一步加深了情谊。这首词,当是鹅湖相会后,辛弃疾写来寄给陈亮的。词中反映出作者念念不忘跃马挥戈、奋勇抗金的战斗生活,表达了重返沙场的强烈愿望。结句抒发了壮志不酬的悲愤心情。

　　醉里挑灯看剑,梦回吹角连营[1]。八百里分麾下炙[2],五十弦翻塞外声[3],沙场秋点兵[4]。　　马作的卢飞快[5],弓如霹雳弦惊[6]。了却君王天下事[7],赢得生前身后名,可怜白发生!

【注释】

[1]角:号角,古时军中用于发号令。吹角连营:号角声接连响遍各个军营。

[2]八百里:指牛。快马习称"千里马",快牛则称"八百里牛"。麾(音挥)下:部下。炙:烤熟的肉。《世说新语·汰侈》载:王君夫(恺)有牛名八百里骏。王武子(济)指此牛与王君夫打赌比射。王武子一射破的,便令左右杀了这条牛,吃了烤牛心。作者借用这个典故,说明当时军中生活的豪壮,将领爱惜士兵,象"八百里"这样的牛也愿分给部下共享。

[3]五十弦:古代瑟有五十弦。《史记·封禅书》:"太帝使素女鼓五十弦瑟"。这里指各

种乐器。翻:演奏。塞外声:指军中乐曲。

[4]点兵:检阅军队。古代点兵用武,每在秋天,故说"秋点兵"。

[5]作:如。的卢:刘备骑过的名马。据《三国志·先主传》注引《世语》载:刘备在荆州遭危,骑的卢马"一跃三丈",越过檀溪而脱险。

[6]霹雳:雷声,比喻射箭时弓弦的响声。《北史·长孙晟传》:"突厥之内,大畏长孙总管,闻其弓声,谓为霹雳。"

[7]了却:完成。天下事:指收复中原的大业。

菩萨蛮·书江西造口壁

【题解】

这首词是宋孝宗淳熙二、三年间(1175—1176)辛弃疾任江西提点刑狱,节制诸军时写的。造口,即皂口镇,在今江西万安县西南六十里。当时江西提刑使驻赣州(今江西赣州市),造口在万安和赣州间赣江上,所以辛弃疾在造口馆驿的墙壁上题写了这首词。

这首词里借用"山"和"水"塑造两个形象,抒写国势。"望长安"点明收复失地是主战派的一贯主张,又通过对于遮住"西北"的望眼却遮不住"东流"的清江的"无数山"的描写,形象地表达了作者对国事的惋惜。词的结尾,发抒了事与愿违的迟暮之感,最后仍然把怨恨集中在鹧鸪乱鸣的深山上面。作者同一时期写的一首词说,"过眼不如人意事,十常八九今头白"(《满江红·赣州席上呈太守陈季陵侍郎》),正是这种心情的写照。

郁孤台下清江水[1],中间多少行人泪[2]。西北望长安,可怜无数山[3]。　　青山遮不住,毕竟东流去[4]。江晚正愁予,山深闻鹧鸪[5]。

【注释】

[1]郁孤台:在赣州市西南,一名贺南山,山形郁然孤立,故名郁孤。清江:指章江,东北流合入赣江。

[2]行人:指北来的旅客,这里面有遭到金人南侵而流离失所的人民,也有怅望故乡的迁客、游子。

[3]长安:汉唐旧都,这里借指汴京等沦陷入金的北方土地。可怜:可惜,可叹。这里的意思说,引领向西北望去,可惜无数山峰,遮住远目,意指在投降派阻挠之下,主战派建议不行,中原尚未收复。

[4]遮不住:指遮拦不住清江流水。毕竟:终于。东流去:指清江水奔流直下。这里用水流就下,无能遮挡,暗喻国事日非。

[5]鹧鸪(音蔗孤):和斑鸠相似的鸟。鹧鸪产于南方,古人传说,这个鸟"怀南不思北"(《太平御览》卷九百二十四引《异物志》),所以北人来到南方听见这种鸟声,总是感慨不已。这里的意思说,江上已是暮色弥漫,正使我发愁,深山里又响起一片鹧鸪鸣声,真是愁上加愁,愤懑已极。一说,鹧鸪鸟的鸣声像"行不得也哥哥",闻鹧鸪,指恢复之事行不得(《鹤林玉露》卷四)。

永遇乐·京口北固亭怀古

【题解】

  这首词是宋宁宗开禧元年(1205年)辛弃疾知镇江府时写的。京口,即镇江(今江苏镇江市)。北固亭,在镇江东北北固山上。

  嘉泰四年(1204年)正月,辛弃疾在杭州向宁宗陈述他得到淮北流民的情报,断定金国必亡必乱,建议要作好准备(当时金滥发钞票榨取百姓实物,又受到蒙古的困扰,这个情报是有依据的)。执政的韩侂胄主张北伐,因此任用辛弃疾知镇江府。镇江是江防重地,辛弃疾到镇江,派人侦察敌

情,招募土丁(本地丁壮),制造红衲(战袍),积极备战。不久便受到投降派的攻击,诬蔑他"好色贪财,淫刑聚敛"(《宋会要·黜降官十二》),开禧元年七月,罢官,离开镇江。词的写作当在他遭攻击以前。

这首词以怀古为题,通过对历史事件的描写评论,表达了他激昂慷慨的思想感情。词中歌颂孙权、刘裕等英雄人物,目的是要长主战派志气,但也表现了志屈难伸的愤懑。

千古江山,英雄无觅、孙仲谋处[1]。舞榭歌台,风流总被,雨打风吹去[2]。斜阳草树,寻常巷陌,人道寄奴曾住[3]。想当年,金戈铁马,气吞万里如虎[4]。 元嘉草草,封狼居胥,赢得仓皇北顾[5]。四十三年,望中犹记、烽火扬州路[6]。可堪回首,佛狸祠下,一片神鸦社鼓[7]。凭谁问,廉颇老矣,尚能饭否[8]?

【注释】

[1]孙仲谋:孙权的字。这三句说,千古江山依旧,曾在京口建都的孙仲谋这样的英雄、却无处寻觅了。言外之意,是感叹以南胜北的事业,后继无人。

[2]舞榭歌台:统治阶级流连歌舞的楼台亭榭。

[3]寄奴:宋武帝刘裕的小名。刘裕是京口的人,出身于平民的家庭,所以词中说他曾住在寻常巷陌(普通的街巷)。斜阳草树:展观出一派荒凉的景象,表达了作者对刘裕的英雄事业,销沉已久的凭吊心情。

[4]这三句是对刘裕的英雄事业的歌颂。金戈铁马:是形容兵精马壮。气吞万里:是说气势很大,足以一举吞灭敌人。

[5]元嘉:宋文帝刘义隆的年号(424—453)。草草:不作充分准备,草率用兵。封:在山上筑坛祭天,纪念成功。狼居胥:又名狼山,在新疆维吾尔自治区西北。赢得:落得。仓皇:惊慌失措的样子。北顾:向北回望。顾:回望。

[6]四十三年:辛弃疾于宋高宗绍兴三十二年(1162年)率领部分抗金义军渡江南归,到写本词时(1205年),已有四十三年。烽火:古时有敌军入侵,即点燃烽火报警,这里指

战争。扬州:即在京口对岸,天朗气清时可以遥遥望见,所以说望中。

[7]可堪:那堪,不忍。回首:回顾,追忆。佛狸:北魏太武帝拓跋焘的小字。神鸦:祭祀时来吃祭品的乌鸦。社鼓:祭社神时的鼓声。

[8]廉颇:战国时赵国的名将。

刘 过

刘过(1154—1206),字改之,号龙洲道人,吉州太和(今江西泰和)人。他力主抗金,多次上书朝廷,提出恢复中原方略,未被采纳。一生屡试不第,放浪江湖间。晚年与辛疾、陆游、陈亮有交往。其词既有对国事的感慨,也有侠客、狂士复杂心态的展现。词风多学辛弃疾,以文为词,豪放不羁。刘熙载在《艺概·词曲概》中说:"刘改之词,狂逸之中自饶俊致,虽沉着不及稼轩,足以自成一家。"存词78首,有《龙洲集》《龙洲词》。

沁园春·寄稼轩承旨 [1]

【题解】

《沁园春》,此为宋人习用长调之一,首见苏轼词(参见《全宋词》363页)。吴曾《能改斋漫录》卷十六《乐府上》:"今世乐府传《沁园春》词。"宋宁宗嘉泰三年(1203年),辛弃疾知绍兴府兼浙东安抚使,派人招刘过前往。刘过时在临安,因事未能赴约,便效辛体作此词寄之。作者在词中将他未能赴约的原因归为唐宋三位诗人的挽留,不受时空限制,古今文人同台对话,构思奇特,想象丰富,极富浪漫色彩;隐括他们三人的诗入词,挥洒自如,颇似散文;人物对话幽默风趣,生动活泼。这首词学辛体,"下笔便逼真",难怪"辛得之,大喜"(岳珂《桯史》卷二)。

斗酒彘肩[2]，风雨渡江[3]，岂不快哉！被香山居士[4]，约林和靖[5]，与东坡老[6]，驾勒吾回[7]。坡谓："西湖，正如西子，浓抹淡妆临照台[8]。"二公者，皆掉头不顾，只管传杯[9]。白云："天竺飞来，图画里、峥嵘楼观开。爱东西双涧，纵横水远，两峰南北，高下云堆[10]。"逋曰："不然，暗香浮动，争似孤山先探梅[11]。须晴去，访稼轩未晚，且此徘徊。"

【注释】

[1]寄稼轩承旨：开禧三年（1207年）九月，辛弃疾进枢密都承旨，"未受命而卒"（《宋史·辛弃疾传》）。此前一年刘过已死，故"承旨"二字，应为后人所加。词题一作"寄辛承旨。时承旨招，不赴"。又题作"风雪中欲诣稼轩，久寓湖上，未能一往，因赋此词以自解。"

[2]斗酒彘肩：《史记·项羽本纪》载，鸿门宴上，樊哙见项王，项王以斗酒、彘肩赐樊哙。彘肩，猪蹄膀。彘，音"至"。

[3]渡江：指渡钱塘江。

[4]香山居士：白居易晚年自号香山居士。唐穆宗长庆年间，曾任杭州刺史。

[5]林和靖：林逋字君复，钱塘人，隐居西湖孤山不仕。卒谥和靖先生。

[6]东坡老：苏轼号东坡居士。词中自称"东坡老"（《八声甘州·寄参寥子》），一作"坡仙老"，曾任杭州通判，并知杭州。

[7]驾勒吾回：将我强拉回来。驾勒，强迫，强拉。

[8]坡谓三句：东坡诗《饮湖上初晴后雨》："欲把西湖比西子，淡妆浓抹总相宜。"

[9]传杯：原作"衔杯"，据别本改。

[10]白云六句：白居易诗中有"湖上春来似画图"（《春题湖上》）、"楼殿参差倚夕阳"（《西湖晚归回望孤山寺》）及"东涧水流西涧水，南山云起北山云"（《寄韬光禅师》）等描绘杭州的诗句。此处隐括其意。天竺，山名，山上有上天竺、中天竺、下天竺三寺。双涧，指汇合于飞来峰下的东西两股涧水，在灵隐寺附近。两峰，指南山（即南高峰）、北山（即北高峰）。白云，一作"白言"。楼观，一作"楼阁"。

[11]暗香句：林逋《山园小梅》诗："疏影横斜水清浅，暗香浮动月黄昏。"

姜 夔

姜夔(1155？—1209)，字尧章，号白石道人，饶州鄱阳(今江西波阳)人。早年随父宦游，后往来于湘鄂赣皖江浙等地，过着清贫闲雅的生活。屡试不第，一生未官，是清高之士。他是当时著名诗人萧德藻的女婿，并与杨万里、范成大、辛弃疾等人有交往。他精通音律，长于书法，工诗能词。尤以词擅长。其词多写景咏物，相思言情，亦有少数感伤时事之作，情调忧伤。他受周邦彦词风影响，讲究音律，自度新腔，炼字琢句，喜用典故，有较高的艺术成就。但也有刻意求工之病，使词意晦涩难解。存词87首，有《白石道人歌曲》。

扬 州 慢

【题解】

这首词是姜夔于宋孝宗淳熙三年(1177年)冬天在扬州写的。词调是作者自制，内容即歌咏扬州。姜夔的词，往往有较长的题目，作为小序，今选录此词，即把它的题语移为词前小序。

这首词由眼前扬州的荒凉景象想到昔日的繁华，反映了当时金人南侵对这一地区的严重破坏。但作者对敌骑侵凌，不是愤慨而是感伤，追念扬州繁华，也只是着眼于流连欢赏，使词的整个调子显得低沉。

淳熙丙子至日[1]，予过维扬[2]，夜雪初霁[3]，荠麦弥望[4]。入其城，则四顾萧条，寒水自碧，暮色渐起，戍角悲吟[5]。予怀怆然，感慨今昔，因自度此曲^[6]。千崖老人以为有《黍离》之悲也^[7]。

    淮左名都,竹西佳处,解鞍少驻初程^[8]。过春风十里,尽荠麦青青^[9]。自胡马窥江去后^[10],废池乔木,犹厌言兵^[11]。渐黄昏,清角吹寒,都在空城^[12]。　　杜郎俊赏^[13],算而今重到须惊。纵豆蔻词工,青楼梦好,难赋深情^[14]。二十四桥仍在,波心荡,冷月无声^[15]。念桥边红药,年年知为谁生^[16]。

【注释】

[1]淳熙丙子:即淳熙三年(1177年)。至日:冬至。

[2]过:走到。维扬:即扬州。《尚书·禹贡》有"淮海维扬州"的话,后来就截取"维扬"二字代表扬州。

[3]霁:雨,雪停止,天放晴,都叫做霁。

[4]荠麦:荠菜和麦苗。弥望:满眼皆是。

[5]戍角:军中号角。

[6]因自度此曲:因而自己谱制了《扬州慢》这个词调。

[7]千崖老人:当时诗人萧德藻的别号。德藻:字东夫,福建闽县(今福建闽清县)人,晚年住居湖州(今浙江湖州市),他很称赞姜夔的诗词,把侄女嫁给他,并常常资助他。《黍离》是《诗经·王风》的一篇,旧传周平王东迁之后,周大夫经过故宫,看见遍地禾黍,伤悼周朝颠覆,彷徨不忍去,于是作了《黍离》这首诗。

[8]淮左:即淮东。宋代扬州属淮南东路。竹西:亭名,在扬州城东禅智寺旁。唐代诗人杜牧《题扬州禅智寺》诗,有"谁知竹西路,歌吹是扬州"的句子,这里即以竹西佳处指扬州地域。初程:开头的一段路程。这三句说,在这淮东名城扬州的地域,我走了开头的一段路程之后,解下马鞍,少事停留。

[9]春风十里:"春风十里扬州路"是杜牧《赠别》诗句,这里借春风十里四字指先前扬州的繁华街道。这两句说,我走过当日扬州的繁华街道,所见到的尽都是青青的荠麦一片,与杜牧笔下风月绮丽的扬州大不相同。

[10]胡马窥江:指金兵入侵,打到长江边上,金人于建炎三年(1129年)攻入扬州,焚烧了扬州城,然后退去,绍兴三十一年(1161年)再度大举南侵,又攻入扬州。两次都进行了严重的破坏。

[11]废池乔木:荒废了的池沼和高大的古树,都是兵乱后遗留下来的。这两句说,尽管自从胡马窥江去后,已经十多年了,可是看见的还是池台荒废,古树残存,使人厌谈金兵之事。乔木:古老的大树。厌:憎恶。

[12]这三句说,渐渐地天已黄昏了,在寒风中吹起了凄清的戍角,这角声都响彻在空城里。

[13]杜郎指杜牧。俊赏:快意地游赏。

[14]"豆蔻梢头二月初",杜牧《赠别》诗句。"十年一觉扬州梦,赢得青楼薄幸名",杜牧《遣怀》诗句。这五句说,从前杜牧曾在扬州快意地游赏,估计他现在重来也要感到惊异了,纵然他的"豆蔻"诗句写得很精工,"青楼梦"的诗做得很美好,也难于描写出这种抚今追昔的深情吧。

[15]二十四桥:唐时扬州最繁华,城南北十五里一百一十步,东西七里三十步,有二十四座桥。杜牧《寄扬州韩绰判官》诗有"二十四桥明月夜,玉人何处教吹箫"的句子。这里说,二十四桥虽然还在,可是当时月下吹箫的动人场面没有了,波心里荡漾的,只是一片冷月,万籁无声,愈显得凄凉寂寞。

[16]红药:红芍药花。在宋代,扬州的芍药很有名。这两句说,可念的是桥边的红芍药,知道它年年为谁开放呢? 言外之意是,如今扬州荒凉残破,花开无人来赏。

史达祖

史达祖(生卒年不详),字邦卿,号梅溪,汴(今河南开封市)人。他是韩侂胄最亲信的堂吏,负责撰拟文书。韩抗金失败被诛,他也受到黥刑,死于贫困之中(见《浩然斋雅谭》)。今传《梅溪词》。他的词善于咏物,描写细腻,辞藻工丽,但"用笔多涉尖巧"(周济《介存斋论词杂著》)。

双双燕·咏燕

【解题】

《双双燕》是史达祖的自度曲。毛先舒《填词名解》卷三:"宋史达祖作咏燕词,即名其调曰《双双燕》。"

这首词以含蓄曲折的比兴手法,暗示了南宋朝廷偏安一隅、自得其乐的政治现实。词中描绘春燕极妍尽态,维妙维肖,王士祯《花草蒙拾》评论说:"咏物至此,人巧极天工矣。"

过春社了[1],度帘幕中间[2],去年尘冷[3]。差池欲住[4],试入旧巢相并[5]。还相雕梁藻井[6],又软语商量不定[7]。飘然快拂花梢,翠尾分开红影[8]。　　芳径,芹泥雨润[9]。爱贴地争飞,竞夸轻俊[10]。红楼归晚[11],看足柳昏花暝[12]。应自栖香正稳,便忘了天涯芳信[13]。愁损翠黛双蛾,日日画栏独凭[14]。

【注释】

[1]社:春秋两季祭土神的日子。

[2]度:飞度。度帘幕中间,飞进有重重帘幕的屋子里。古时富裕人家,多张设帘幕。

[3]去年尘冷:去年筑过巢的地方布满灰尘,冷冷清清。

[4]差池:形容燕子飞时毛羽参差不齐的样子。《诗经·燕燕》:"燕燕于飞,差池其羽。"欲住,想停息下来。

[5]相并:同居。

[6]相:意为仔细看。雕梁:雕花的屋梁。藻井:绘有图案的天花板。

[7]软语:温柔地交谈。这里形容燕子的呢喃声。

[8]拂:飞掠。花梢:花枝顶端。红影:花影。

[9]芳径:有鲜花香草的路径。芹泥:水边长芹草的泥地。

[10]轻俊:轻盈俊俏。

[11]红楼:富贵人家的住所。这里指燕子巢居的地方。归晚:回巢已晚。

[12]昏:瞑,都是不明的意思。柳昏花瞑:写黄昏时分的景色。

[13]应自:大概是。栖香正稳:在香巢中睡得很甜。便忘了天涯芳信,就忘记了传递从远方带来的书信。《开元天宝遗事》载有燕子为思妇传递书信的故事。

[14]翠黛:古时女子画眉用的青绿色颜料。蛾:喻美眉。这两句是写闺中人愁眉不展,天天独倚栏杆,盼望回信。

刘克庄

刘克庄(1187—1269),初名灼,字潜夫,号后村居士,莆田(今福建莆田)人。以荫入仕,任建阳(今福建建阳)令。后因《落梅》诗而遭讪谤,免官闲居多年。宋理宗淳祐六年(1246年),特赐同进士出身。官至工部尚书,以龙图阁学士致仕。他是"江湖派"的重要诗人,也是重要的辛派词人。其词多感慨国事,讽刺时政,有强烈的时代感。词的风格豪放,以文为词,议论较多。冯煦在《宋六十一家词选·例言》说:"后村词与放翁、稼轩犹鼎三足。其生于南渡,拳拳君国似放翁;志在有为,不欲以词人自域,似稼轩。"存词296首,著有《后村大全集》,《后村长短句》(又名《后村别调》)。

贺新郎·送陈真州子华 [1]

【题解】

此词为理宗宝庆三年(1227年)作者送友人陈子华作。词中对陈子华联络北方义兵收复失地寄予厚望,对朝廷苟且偷安与软弱无能进行讽刺谴责。全词议论时事,抒发感慨,无不充满爱国激情;起伏跌宕,气势磅礴,"壮语亦可起懦"(杨慎《词品》卷五)。

北望神州路,试平章、这场公事[2],怎生分付[3]?记得太行山百万,曾入宗爷驾驭[4]。今把作、握蛇骑虎[5]。君去京东豪杰喜[6],想投戈、下拜真吾父[7]。谈笑里,定齐鲁[8]。两河萧瑟惟狐兔[9]。问当年、祖生去后[10],有人来否?多少新亭挥泪客,谁梦中原块土[11]?算事业、须由

人做。应笑书生心胆怯,向车中、闭置如新妇[12]。空目送,塞鸿去[13]。

【注释】

[1]陈真州子华:陈靴,字子华,福州侯官(今福建福州)人。开禧元年(1205 年)进士。宝庆三年(1227 年)四月,以仓部员外郎知真州(治所在今江苏仪征)。词题,一作《送陈仓部知真州》或《送陈子华赴真州》。

[2]平章:评议。公事:此指联络义兵,恢复中原之事。

[3]分付:安排、处理。

[4]记得二句:靖康以来,中原之民相聚在太行山一带抗击金兵。建炎三年(1129 年),宗泽召募义兵百万,共同抗金(详见熊克《中兴小纪》卷一九、《宋史·宗泽传》)。又,陆游《老学庵笔记》卷一:"建炎初,宗汝霖(泽)留守东京,群盗降附者百万,皆谓汝霖曰宗爷爷。"山,一作"兵"。宗泽(1059—1128),字汝霖,北宋末著名爱国将领。

[5]今把作句:谓朝廷对待义兵有如握蛇骑虎,又想利用,又不信任。把作,当作。握蛇骑虎,比喻处境十分危险。《魏书·彭城王勰传》:"咸阳王禧疑勰为变,停在鲁阳郡外,久之乃人,谓勰曰:'汝非但辛勤,亦危险至极。'勰恨之,对曰:'兄识高年长,故知有夷险。彦和(勰字)握蛇骑虎,不觉艰难。'"

[6]京东:宋代路名。包括今山东、河南东部及江苏北部地区。豪杰:指义军将士。

[7]投戈:放下武器。真吾父:《旧唐书·郭子仪传》载,回纥入侵,"子仪以数十骑徐出,免胄而劳之曰:'安乎? 久同忠义,何至於是?'回纥皆舍兵下马齐拜曰:'果吾父也'。"《宋史·岳飞传》载:"张用寇江西。用亦相人,飞以书谕之。……用得书曰:'果吾父也。'遂降。"

[8]齐鲁:春秋时国名,在今山东境内。

[9]两河:指河北东路与河北西路。《宋史·地理志》:"河北路,旧分东西两路,后并为一路。熙宁六年(1073 年),再分为两路。"其地在今河北与河南黄河以北地区。两河,一作"两淮"。

[10]祖生:指祖逖,东晋名将。曾率兵北伐,收复黄河以南地区(事见《晋书·祖逖传》)。此指曾在中原抗金的名将宗泽、岳飞等。

[11]多少二句:谓士大夫面对国事只知痛哭流涕,而无收复中原的任何行动。《世说新

语·言语》:"过江诸人,每至美日,辄相邀新亭,藉卉饮宴。周侯(觊)中坐而叹曰:'风景不殊,正自有河山之异!'皆相视流泪。唯王丞相(导)愀然变色曰:'当共勠力王室,克复神州,何至作楚囚相对。'"新亭,一名劳劳亭,三国时吴建,旧址在今南京市南。谁梦,一作"不梦"。

[12]应笑二句:作者自嘲不能到前线抗金,像新嫁娘闭置车中一样。此处"心胆怯"是愤疾之言,深含对南宋士大夫不思北伐的讥讽。《梁书·曹景宗传》:"景宗谓所亲曰:'今来扬州作贵人,动转不得。路行开车幔,小人辄言不可,闭置车中如三日新妇。遭此邑邑,使人无气。'"

[13]塞鸿:生长在北方边塞地区的鸿雁。嵇康《赠秀才入军》诗第十四首:"目送归鸿,手挥五弦。"

吴文英

吴文英(生卒年不详),字君特,号梦窗,晚号觉翁,四明(今浙江宁波)人,一生未仕,以游幕为生。常与吴潜往来,虽为权贵贾似道、史宅之的门客,却持守清高人格。约1207年至1269年间在世。他是南宋后期重要词人。其词学周邦彦而自成一家。音律和谐,风格绵丽,构思独特,想象丰富,语言新奇。能于艺术技巧的追新求异中,创造出美的意境。但作品内容狭窄,有的作品过于追求形式技巧,堆砌典故,使词意晦涩难解。他的词与李商隐的诗颇为相似,故《四库全书总目·梦窗稿提要》指出"词家之有文英,亦如诗家之有李商隐",是有道理的。存词341首,有词集《梦窗甲乙丙丁稿》。

风 入 松

【题解】

《风入松》,《词谱》卷十七:"古琴曲有《风入松》,唐僧皎然有《风入松歌》,见《乐府诗集》。调名本此。"此词一题作"春晚感怀"。这是一首怀人之作,"情深而语极纯雅,词中高境也"(陈廷焯《白雨斋词话》)。尤其是词中境界似真似幻,美妙无穷。

听风听雨过清明。愁草瘗花铭[1]。楼前绿暗分携路,一丝柳、一寸柔情。料峭春寒中酒[2],交加晓梦啼莺。西园日日扫林亭。依旧赏新晴。黄蜂频扑秋千索,有当时、纤手香凝[3]。惆怅双鸳不到,幽阶一夜苔生[4]。

【注释】

[1]瘗:埋葬,音"亿"。《诗经·大雅·云汉》:"上下奠瘗"。孔颖达疏:"奠谓置于地,瘗谓埋于土。"铭:文体的一种,庾信有《瘗花铭》。

[2]料峭:寒冷貌。中酒:即醉酒。《史记·樊哙传》:"项羽既享军士,中酒,亚父欲谋杀沛公。"唐李廓《落策》:"气味如中酒,情怀似别人。"

[3]黄蜂二句:陈洵《海绡说词》:"见秋千而思纤手,因蜂扑而念香凝,纯是痴望神理。"

[4]幽阶句:庾肩吾《咏长信宫中草》:"全由履迹少,并欲上阶生。"又李白《长干行》:"门前迟行迹,一一生绿苔。"此句或由此化出。

八声甘州·陪庾幕诸公游灵岩[1]

【题解】

此篇为作者怀古的名作。全词于凭吊古迹中,发盛衰之叹,抒伤今之情。时空交错,虚实相间,真幻结合,充分体现了吴文英词独特的艺术魅力,被誉为"奇情壮采"之作(麦孺博语,见梁令娴《艺衡馆词选》丙卷)。

渺空烟四远,是何年、青天坠长星[2]?幻苍崖云树,名娃金屋[3],残霸宫城[4]。箭径酸风射眼[5],腻水染花腥[6]。时靸双鸳响,廊叶秋声[7]。宫里吴王沉醉,倩五湖倦客,独钓醒醒[8]。问苍天无语,华发奈山青。水涵空、阑干高处[9],送乱鸦、斜日落渔汀。连呼酒,上琴台去[10],秋与云平。

【注释】

[1]庾幕:即提举常平仓司的幕僚。"庾",露天积谷处。《诗经·小雅·楚茨》:"我仓既盈,我庾为亿。"毛传:"露积曰庾。"后泛指仓库。清钱大昕《十驾斋养新录》卷十:"提举常平仓司为仓司、庾司。"灵岩:即灵岩山。在今江苏苏州西南。范成大《吴郡志》:"灵岩山即古石鼓山,又名砚石山。在吴县西三十里,上有吴馆娃宫,琴台,响廊。"词题,一作"灵岩陪庾幕诸公游"。

[2]青天坠长星:此句想象灵岩山是长星坠落而成。长星:即彗星。

[3]名娃:吴楚间美女之称,此指西施。《文选》载左思《吴都赋》:"幸乎馆娃之宫,张女乐而娱群臣。"李善注:"吴俗谓好女为娃。"金屋:《汉武故事》载,汉武帝为太子时,曾对姑母说:"欲得阿娇作妇,当作金屋贮之。"

[4]残霸:吴王夫差曾一度国势强盛,与晋国争霸中原,后终亡于越国,霸业未成,故云。

[5]箭径:采香径。范成大《吴郡志》卷八《古迹》:"采香迳(径),在香山之旁,小溪也。吴王种香于香山,使美人泛舟于溪以采香。今自灵岩望之,一水直如矢,故俗又名箭泾"(泾,此与"径"通)。酸风:冷风。唐李贺《金铜仙人辞汉歌》:"魏官牵车指千里。东关酸风射眸子。"

[6]腻水:此指含有脂粉香气的水。杜牧《阿房宫赋》:"渭流涨腻,弃脂水也。"

[7]靸:拖鞋,音"洒"。元陶宗仪《南村辍耕录》卷十八《靸鞋》:"西浙之人,以草为履而无跟,名曰靸鞋。"双鸳:鸳鸯鞋。廊:指响屧廊。《吴郡志》卷八《古迹》:"响屧廊在灵岩山寺。相传吴王令西施辈步屧(木底鞋),廊虚而响,故名。"

[8]倩五湖二句:是说范蠡辅佐越王勾践灭吴后,能清醒地功成身退,遁迹江湖。五湖倦客,指范蠡。《国语·越语》:"反至五湖,范蠡辞于王曰:'君王勉之,臣不复入越国矣'……遂乘轻舟以浮于五湖,莫知其所终。"五湖,指太湖流域一带。醒醒,极为清醒之意。白居易《欢喜二偈》(之二):"唯余心口尚醒醒。"

[9]水涵空:远水连空。此暗寓阁名。《大明一统志》卷八《苏州府志》:"涵空阁在灵岩寺,吴时建。"

[10]琴台:在灵岩山顶。见注[1]。

刘辰翁

刘辰翁(1232—1297),字会孟,号须溪,庐陵(今江西吉安)人。宋理宗景定三年(1262年)廷试对策,忤权臣贾似道,被置丙等。曾任濂溪书院山长。人荐居史馆,又除太学博士,皆固辞。宋亡,隐居不仕。其词记宋亡前后的历史,抒国破家亡之悲痛,有较强的时代感。风格受苏辛影响,并能自成一格。正如况周颐《蕙风词话》卷二所云:"须溪词风格遒上,似稼轩;辞情跌宕,似遗山;有时意笔俱化,纯任天倪,竟能略似坡公。"存词354首,有《须溪词》。

柳梢青·春感

【题解】

《柳梢青》,此调有平仄两体,平韵见仲殊词(参见《全宋词》708页),仄韵见蔡伸词(参见《全宋词》1320页)。此词为宋亡之后作者隐居故乡时所作。词中写元宵感触,抒故国之思、亡国之痛,语言通俗自然。况周颐说:"须溪词多真率语,满心而发,不假追琢,有掉臂游行之乐"(《餐樱庑词话》)。此词正如是。

铁马蒙毡[1],银花洒泪[2],春入愁城[3]。笛里番腔[4],街头戏鼓,不是歌声[5]。那堪独坐青灯。想故国、高台月明[6]。辇下风光[7],山中岁月[8],海上心情[9]。

【注释】

[1]铁马:指元军南侵的骑兵。蒙毡:冬天在战马身上披着毡子用来保暖。

[2]银花:腾空的烟花。洒:烟花纷纷落下,像人流的样子。

[3]愁城:指临安。庾信《愁赋》:"攻许愁城终不破,荡许愁门终不开。"

[4]番腔:指少教民族吹唱的腔调。

[5]不是歌声:谓唱的不成曲调。

[6]想故国句:化用南唐李煜《虞美人》"故国不堪回首月明中"词意。

[7]辇下:指京城。辇:原指人力拉的车,汉以后特指帝王乘坐的车,因称京城为辇下。

[8]山中岁月:指作者此时在故乡过着隐居生活。

[9]海上心情:谓作者此时仍心系爱国志士在海上坚持的抗元斗争。临安陷落后,陆秀夫、张世杰等在福建、广东沿海拥立幼帝继续抗元。

周 密

周密(1232—1298),字公谨,号草窗,又号弁阳啸翁、四水潜夫。祖籍济南(今山东济南),流寓吴兴(今浙江湖州)。曾为义乌令,宋亡不仕,寓居杭州,与王沂孙、张炎等交游。他博学多闻,著作颇丰。有杂著《齐东野语》《癸辛杂识》《志雅堂杂抄》《武林旧事》等,编选词集有《绝妙好词》。他的词清丽雅正,正如戈载《宋七家词选》卷五所说:"尽洗靡曼,独标清丽,有韶倩之色,有绵渺之思。与梦窗旨趣相侔,二窗并称,允矣无忝。"存词153首,有《蘋洲渔笛谱》《草窗词》。

一萼红 · 登蓬莱阁有感 [1]

【题解】

《一萼红》,据《词谱》卷三十五云,此调有平仄两体。仄韵仅见北宋无名氏词(参见《乐府雅词·拾遗》),因词中有"未教一萼,红开鲜蕊"之句,故取以为名。平韵见南宋姜夔词(参见《全宋词》2802页)。南宋德祐二年(1276年)冬,临安陷落,宋幼帝、太后等被掳北去。此时作者从义乌逃出,北上途中来到会稽,登上他曾到过的蓬莱阁,触景生情,"俯仰千古",写下此词以抒发亡国之痛,故国之思。全词沉雄悲壮,正如陈廷焯所说:"苍茫感慨,情见乎词,当为草窗集中压卷"(《白雨斋词话》卷二)。

步深幽,正云黄天淡,雪意未全休。鉴曲寒沙[2],茂林烟草[3],仰千古悠悠[4]。岁华晚、飘零渐远,谁念我,同载五湖舟[5]。磴古松斜[6],崖

阴苔老,一片清愁。回首天涯归梦,几魂飞西浦,泪洒东州。故国山川,故园心眼,还似王粲登楼[7]。最怜他、秦鬟妆镜[8],好江山、何事此时游。为唤狂吟老监[9],共赋销忧。阁在绍兴,西浦、东州皆其地。

【注释】

[1]蓬莱阁:旧址在今浙江绍兴卧龙山下,五代吴越王所建,因唐元稹《以州宅夸于乐天》诗有"我是玉皇香案吏,谪居犹得近蓬莱"句而得名。

[2]鉴曲:鉴湖一曲,即鉴湖边。《新唐书·隐逸·贺知章传》:"又求周宫湖数顷为放生池,有诏赐镜湖一曲。"鉴湖,本名镜湖,宋初改为鉴湖。

[3]茂林:指兰亭。晋王羲之《兰亭集序》:"此地有崇山峻岭,茂林修竹。"

[4]俯仰:言时间短暂。王羲之《兰亭集序》:"向之所欣,俯仰之间,已为陈迹,犹不能不以之兴怀。"

[5]五湖舟:用范蠡的典故。见前吴文英《八声甘州》注[8]。

[6]磴:山路的石级,音"邓"。北魏郦道元《水经注·汾水》:"羊肠阪在晋阳西北,石磴萦委,若羊肠焉。"

[7]王粲登楼:汉末王粲避乱荆州时,常常思念故土。当他登上荆州的当阳县城楼时,写了著名的《登楼赋》。其中有云:"虽信美而非吾土兮,曾何足以少留。"

[8]秦鬟:绍兴东南有秦望山,山形如女子鬟髻,故称。妆镜:指鉴湖。

[9]狂吟老监:指唐诗人贺知章。他是绍兴人,晚年辞官归隐,自号"四明狂客",又号"秘书外监"。

文天祥

文天祥(1236—1283),初名云孙,字宋瑞,一字履善。自号文山、浮休道人。江西吉州庐陵(今属江西吉安)人,抗元名臣,与陆秀夫、张世杰并称为"宋末三杰"。宝祐四年(1256年)状元及第,官至右丞相,封信国公。于五坡岭兵败被俘,宁死不降。至元十九年(1282年)十二月初九,在柴市从容就义。著有《文山诗集》《指南录》《指南后录》《正气歌》等。

沁园春·题睢阳庙[1]

【题解】

此词是文天祥被俘北上,路经双庙时有感而作。在词中,颂扬了张巡、许远崇高的民族气节,谴责了卖国求生、甘心降虏的奸雄,表现作者虽落敌手,却依然正气凛然,高昂着民族气节。全词直抒胸臆,激昂慷慨,气势逼人,奇言壮语激荡人心。正如陈子龙赞辞:"气动斗牛,无一毫委靡之色"(引见《词林纪事》卷十四)。今人刘永济也指出:"忠义之气,凛然纸上。此等作品,不可以寻常词观之也"(《唐五代两宋词简析》)。

为子死孝,为臣死忠,死又何妨。自光岳气分[2],士无全节,君臣义缺,谁负刚肠? 骂贼睢阳,爱君许远[3],留得声名万古香。后来者,无二公之操,百炼之钢。人生翕欻云亡[4],好烈烈轰轰做一场。使当时卖国,甘心降虏,受人唾骂,安得留芳? 古庙幽沈[5],仪容俨雅[6],枯木寒鸦几夕阳。邮亭下[7],有奸雄过此,仔细思量。

【注释】

[1]睢阳庙:即建在睢阳(今河南商丘)的张巡、许远庙。安史之乱时,唐朝名将张巡与许远二人坚守睢阳,后粮尽无援,城陷被执,临死不屈,二人先后被害(事见《新唐书·张巡传》《新唐书·许远传》)。词题原作"至元间留燕山作",据别本改。

[2]光岳气分:谓天地之气一分为二,此指国土分裂。光,指日月星三光。岳,五岳。气,一说指正气。文天祥《正气歌》:"天地有正气,杂然赋流形,在地为河岳,在天为日星。"

[3]骂贼二句:指张巡与许远以身殉国事。此处"睢阳"指张巡。张巡每与叛军交战即大骂贼将。被执后亦骂贼将:"我为君父死,尔附贼,乃犬彘也。"

[4]翕欻:倏忽,快速,音"唏嘘"。

[5]古庙:此指双庙。

[6]仪容俨雅:指二人塑像容貌端庄。仪容,一作"遗容"。

[7]邮亭:即驿馆,古代传递文书之人在路上投宿之所。

王沂孙

王沂孙(生卒年不详),字圣与,号碧山,又号中仙、玉笥山人,会稽(今浙江绍兴)人。入元后,曾被迫任庆元路学正。其词工于咏物,亦有身世之感、故国之思寄寓其中。正如周济所说:"碧山胸次恬淡,故《黍离》《麦秀》之感只以唱叹出之,无剑拔弩张习气。"(《宋四家词选·序论》)词的表现手法曲折含蓄,词意隐晦,情调悲苦。存词68首,有《花外集》(又名《碧山乐府》《玉笥山人词集》)。

眉妩·新月

【题解】

《眉妩》,《汉书·张敞传》载:"(敞)为妇画眉,长安中传张京兆眉妩。"调名取此。调见姜夔词(参见《全宋词》2803页)。此词明写新月,实寄复国无望的悲哀。辞情凄恻,哀思绵绵。"一片热肠,无穷哀感"(陈廷焯《白雨斋词话》卷二)。

渐新痕悬柳,澹彩穿花,依约破初暝[1]。便有团圆意[2],深深拜[3],相逢谁在香径。画眉未稳,料素娥、犹带离恨[4]。最堪爱、一曲银钩小,宝帘挂秋冷[5]。千古盈亏休问,叹慢磨玉斧,难补金镜[6]。太液池犹在,凄凉处、何人重赋清景[7]。故山夜永。试待他、窥户端正[8]。看云外山河,还老尽、桂花影[9]。

【注释】

[1]初暝:初夜。暝,天黑。

[2]便有句:牛希济《生查子》:"新月曲如眉,未有团圆意。"此反用其意,是说见新月便生团圆的期望。

[3]拜:此指拜新月。唐宋时有置酒果拜新月的风俗,尤以七夕为盛。李端《拜新月》:"开帘见新月,即便下阶拜。"吴自牧《梦粱录》卷四:"于广庭中设香案及酒果,遂令女郎望月瞻斗列拜。"

[4]画眉二句:谓新月犹如月中嫦娥尚未画好的弯眉,从这里似乎看出她带有几多离恨。素娥:即嫦娥。谢庄《月赋》:"集素娥于后庭。"

[5]一曲二句:谓新月有似银钩,在清冷的秋空里挂起夜幕宝帘。银钩,银白色的帘钩,此喻新月。杜甫《咏月》:"尘匣初开镜,风帘自上钩。"

[6]叹慢磨二句:谓玉斧难以修补缺月。段成式《酉阳杂俎·天咫》:"太和中郑仁本表弟,不记姓名。常与一王姓秀才游嵩山……见一人布衣甚洁白,枕一物,方眠熟。即呼之。……问其所自。其人笑曰:'君知月乃七宝合成乎?月势如丸,其影日烁其凸处也。常有八万二千户修之,予即一一数。'因开襆,有斤(斧)凿数事。"故有玉斧修月之说。王安石《题扇》:"玉斧修成宝月圆,月边仍有女乘鸾。"曾觌《壶中天慢》:"何劳玉斧,金瓯千古无缺。"金镜,指月亮。李贺《七夕》:"天上分金镜,人家望玉钩。"

[7]太液池二句:以今日太液池的凄凉,写亡国之哀。陈师道《后山诗话》载:"太祖夜幸后池,对新月置酒。问:'当值学士为谁?'曰:'卢多逊。'召使赋诗……其诗云:'太液池边看月时,好风吹动万年枝。谁家玉匣开新镜?露出新光些子儿。'"太液池,本为汉宫池名。后为宫苑池苑的通称。

[8]窥户端正:姜夔《玲珑四犯》有"端正窥户"句,当为此所本。端正,形容月圆。韩愈《和崔舍人咏月二十韵》:"三秋端正月,今夜出东溟。"

[9]看云外二句:感叹河山残缺破碎。云外山河,即故国河山。段成式《酉阳杂俎》:"佛氏言,月中所有,乃大地山河影。"苏轼《和黄秀才鉴空阁》:"桂容如水,写此山河影。"桂花影,月影。

蒋 捷

蒋捷(生卒年不详),字胜欲,号竹山,阳羡(今江苏宜兴)人。度宗咸淳十年(1274年)进士。宋亡,隐居太湖竹山,遁迹不仕。他是南宋末年著名词人,与周密、王沂孙、张炎并称"宋末四大家"。其词题材广泛,风格多样,炼字精深,音律谐畅,刘熙载说他的词"洗炼缜密,语多创获"(《艺概》卷四)。在宋末词坛上的确是一位影响较大的、颇有个性特色的词家。存词99首,有《竹山词》。

贺新郎·兵后寓吴[1]

【题解】

此词为南宋亡国后蒋捷流寓苏州时所作。词中写流落漂泊心境的凄凉与衣食无着的困苦,真实具体、形象生动。词中今昔生活的对比,白描手法的运用,使辞情更加悲楚沉痛。

深阁帘垂绣[2],记家人、软语灯边,笑涡红透[3]。万叠城头哀怨角[4],吹落霜花满袖。影厮伴、东奔西走[5]。望断乡关知何处?羡寒鸦、到著黄昏后,一点点,归杨柳。相看只有山如旧。叹浮云、本是无心,也成苍狗[6]。明日枯荷包冷饭,又过前头小阜[7]。趁未发、且尝村酒[8]。醉探枵囊毛锥在[8],问邻翁、要写《牛经》否[9]?翁不应,但摇手[10]。

【注释】

[1]兵后寓吴:指元灭南宋王朝之后,作者寄居苏州。

[2]帘垂绣:"绣帘垂"的倒文。

[3]笑涡:微笑时脸上露出的酒涡。

[4]万叠:乐曲重复地吹奏。乐曲吹一遍叫一叠。角:军中的号角。

[5]影厮伴:影子相伴。

[6]叹浮云二句:指世事如白云苍狗变化莫测。杜甫《可叹》:"天上浮云如白衣,斯须改变如苍狗。"本是,一作"本自"。

[7]前头:一作"前村"。

[8]村酒:一作"新酒"。

[9]枵囊:空口袋。毛锥:毛笔。枵,音"肖"。

[10]《牛经》:涉及养牛知识的书。传说汉朝有此书(见《三国志·魏志·夏侯玄传》裴松之注引《相印书》),《新唐书·艺文志》亦录有宁戚《相牛经》一卷。

[10]摇手:一作"摇首"。

虞美人·听雨

【题解】

　　此词通过概括作者少年、壮年和晚年三个时期听雨的不同感受,生动形象地表现他人生的旅程。语言通俗,构思巧妙,意境幽深,耐人寻味。

　　少年听雨歌楼上,红烛昏罗帐。壮年听雨客舟中,江阔云低、断雁叫西风[1]。而今听雨僧庐下,鬓已星星也[2]。悲欢离合总无情,一任阶前、点滴到天明[3]。

【注释】

[1]断雁:失群的孤雁。薛道衡《出塞曲》:"寒夜哀笳曲,霜天断雁声。"

[2]星星:形容白发很多。

[3]悲欢二句:是说作者在严酷的现实面前,于悲欢离合之事已无可奈何。温庭筠《更漏子》:"梧桐树,三更雨,不道离情正苦,一叶叶,一声声,空阶滴到明。"万俟咏《长相思》:"不道愁人不喜听,空阶滴到明。"此翻用其意。

张 炎

张炎(1248—1320?),字叔夏,号玉田,又号乐笑翁。临安(今浙江杭州)人。出身世家,曾为贵公子。宋亡后,祖父张濡被杀,家财被抄没,他四处漂泊,失意落魄而终。他是南宋末年著名的词家。其所著《词源》,是一部有影响的词学专著。其词继承了周邦彦、姜夔的传统,注重格律,音律和谐,用字工巧,风格婉丽。以咏物词见称于世,词中亦有身世之感、盛衰之叹。存词302首,有词集《山中白云词》(一名《玉田词》)。

高阳台·西湖春感

【题解】

此词为作者于宋亡后重游西湖时作。词中写身世之感、亡国之痛,深婉之至。陈廷焯说:"(此词)凄凉幽怨,郁之至,厚之至,与碧山如出一手,乐笑翁集中亦不多觏"(《白雨斋词话》卷二)。

接叶巢莺[1],平波卷絮,断桥斜日归船[2]。能几番游?看花又是明年。东风且伴蔷薇住,到蔷薇、春已堪怜。更凄然,万绿西泠[3],一抹荒烟。当年燕子知何处[4]?但苔深韦曲,草暗斜川[5]。见说新愁,如今也到鸥边[6]。无心再续笙歌梦,掩重门、浅醉闲眠。莫开帘,怕见飞花,怕听啼鹃。

[1]接叶句:语本杜甫《陪郑广文游何将军山林》诗:"卑枝低结子,接叶暗巢莺。"

[2]断桥:又名段家桥,在西湖孤山侧,其"断桥残雪"为西湖十景之一。

[3]西泠:桥名。亦名西陵桥、西林桥,在西湖孤山下。泠,音"灵"。

[4]当年句:刘禹锡《乌衣巷》:"旧时王谢堂前燕,飞入寻常百姓家。"此暗用其意。

[5]但苔深二句:借其它名胜喻西湖风光。韦曲,在今陕西西安南郊,唐时韦氏世居于此,故称。斜川,在今江西星子、都昌两县间。陶渊明有《游斜川》诗咏其风光。

[6]见说二句:谓无愁的水鸥而今也满是愁。鸥毛白色,故想象是因愁而白。辛弃疾《菩萨蛮》:"拍手笑沙鸥,一身都是愁。"

解连环·孤雁

【题解】

　　《解连环》,本名《望梅》,首见无名氏词(一作柳永词,参见《全宋词》4578页),"后因周邦彦词有'妙手能解连环'句,更名《解连环》"(见《词谱》卷三十四。周词参见《全宋词》769页)。这首词是咏物的名篇,张炎因此词而赢得"张孤雁"的雅称(见元孔齐《至正直记》卷四)。全篇描摹生动,用典贴切,于咏物中寓家国身世之感。咏孤雁而喻人情,"人雁双关,允推绝唱"(俞陛云《唐五代两宋词选释》)。

　　楚江空晚。怅离群万里,恍然惊散[1]。自顾影、欲下寒塘[2],正沙净草枯,水平天远。写不成书,只寄得、相思一点[3]。料因循误了,残毡拥雪,故人心眼[4]。谁怜旅愁荏苒[5]。谩长门夜悄[6],锦筝弹怨[7]。想伴侣、犹宿芦花,也曾念春前,去程应转[8]。暮雨相呼[9],怕蓦地、玉关

重见。未羞他、双燕归来,画帘半卷[10]。

【注释】

[1]恍然:忽然。

[2]欲下寒塘:此化用唐人诗意。崔涂《孤雁》:"暮雨相呼失,寒塘欲下迟。"又,刘长卿《宿怀仁县南湖寄东海荀处士》:"寒塘起孤雁,夜色分盐田。"

[3]写不成书二句:将孤雁在天只一点而不成字形,与雁足传书的故事(见《汉书·苏武传》)合用于此。

[4]料因循三句:谓孤雁因失群耽误了久困荒漠守节不移的故人之期盼。因循,拖延,耽误。残毡拥雪,用苏武的故事。《汉书·苏武传》记载,匈奴"幽武置大窖中,绝不饮食。天雨雪,武卧啮雪与毡毛并咽之,数日不死。"这里以苏武喻指宋亡后被迫北行的南宋守节之士。

[5]荏苒:渐进。此谓旅愁与日俱增。

[6]长门:汉武帝陈皇后被废后所居的冷宫。杜牧《早雁》诗:"仙掌月明孤影过,长门灯暗数声来。"

[7]锦筝弹怨:《晋书·桓伊传》:桓伊"抚筝而歌《怨诗》……安(谢安)泣下沾衿。"锦筝,筝的美称。

[8]也曾念二句:谓失散的伙伴也会想到,孤雁在春前会飞回它们身边。

[9]暮雨句:见注[2]引崔涂《孤雁》诗。

[10]怕蓦地三句:谓倘与伴侣在玉关忽然相逢,孤雁不孤,面对双燕也无愧颜。怕,倘若。蓦地,忽然。玉关,玉门关。这指北方边塞地区。

元好问

元好问(1190—1257),字裕之,号遗山,太原秀容(今山西忻州)人。七岁能诗,十四岁从学郝天挺,六载而业成。兴定五年(1221年)进士,不就选;正大元年(1224年),中博学宏词科,授儒林郎,充国史院编修,历镇平、南阳、内乡县令。八年(1231年)秋,受诏入都,除尚书省掾、左司都事,转员外郎;金亡不仕,元宪宗七年卒于获鹿寓舍。元好问工诗文,在金元之际颇负重望;诗词风格沉郁,并多伤时感事之作。其《论诗》绝句三十首在中国文学批评史上颇有地位。有《遗山集》等传世。

摸鱼儿[1]·雁丘词

【解题】

这首词作于金章宗泰和五年(1205年),为词人赴并州府试途中的著名词作。在词中,词人驰骋丰富的想象,运用比喻、拟人等艺术手法,对大雁殉情而死的故事,展开了深入细致的描绘,再加以充满悲剧气氛的环境描写的烘托,塑造了忠于爱情、生死相许的大雁的艺术形象,谱写了一曲凄婉缠绵,感人至深的爱情悲歌,是为中国古代歌颂忠贞爱情的佳词。

乙丑岁[2]赴试并州[3],道逢捕雁者云:"今旦获一雁,杀之矣。其脱网者悲鸣不能去,竟自投于地而死。"予因买得之,葬之汾水之上,垒石为识[4],号曰"雁丘"[5]。同行者多为赋诗,予亦有《雁丘词》。旧所作无宫商[6],今改定之。

问世间,情是何物,直教生死相许[7]?天南地北双飞客[8],老翅几回寒暑。欢乐趣,离别苦,中更有痴儿女[9]。君应有语:渺万里层云,千山暮雪,只影向谁去[10]?横汾路,寂寞当年箫鼓,荒烟依旧平楚[11]。招魂[12]楚些何嗟及,山鬼暗啼[13]风雨。天也妒,未信与,莺儿燕子俱黄土[14]。千秋万古,为留待骚人[15],狂歌痛饮,来访雁丘处。

【注释】

[1]《摸鱼儿》:唐教坊曲,后用为词牌。一名《摸鱼子》,又名《买陂塘》《迈陂塘》《双蕖怨》等。宋词以晁补之《琴趣外篇》所收为最早。双片一百一十六字,前片六仄韵,后片七仄韵。双结倒数第三句第一字皆领格,宜用去声。

[2]即金章宗泰和五年(1205),以天干地支纪年为乙丑年,当时元好问年仅十六岁。

[3]赴试并州:《金史·选举志》载:金代选举之制,由乡至府,由府至省及殿试,凡四试。明昌元年罢免乡试。府试试期在秋八月。府试处所承安四年赠太原,共为十处。

[4]识:标志,音"至"。

[5]雁丘:嘉庆《大清一统志》:雁丘在阳曲县西汾水旁。金元好问赴府试……累土为丘,作《雁丘词》。

[6]无宫商:不协音律。

[7]直教:竟使。许:随从。

[8]双飞客:大雁双宿双飞,秋去春来,故云。

[9]"就中"句:这雁群中更有痴迷于爱情的。

[10]"君应"四句:万里长途,层云迷漫,千山暮景,处境凄凉,形影孤单为谁奔波呢?

[11]"横汾"三句:这葬雁的汾水,当年汉武帝横渡时何等热闹,如今寂寞凄凉。汉武帝《秋风辞》:"泛楼船兮济汾河,横中流兮扬素波,箫鼓鸣兮发棹歌。"平楚:楚指丛木。远望树梢齐平,故称平楚。

[12]"招魂"二句:我欲为死雁招魂又有何用,雁魂也在风雨中啼哭。招魂楚些:《楚辞·招魂》句尾皆有"些"字。何嗟及:悲叹无济于事。山鬼:《楚辞·九歌·山鬼》篇指山神,此指雁魂。

[13]暗啼:一作"自啼"。

[14]"天也"二句:不信殉情的雁子与普通莺燕一样都寂灭无闻变为黄土,它将声明远播,使天地忌妒。

[15]骚人:诗人。

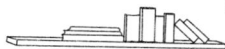

元、明、清

刘秉忠

刘秉忠(1216—1274),初名侃,字仲晦,号藏春散人。顺德邢台(今属河北)人。十七岁补邢台节度府令史,未久,去,隐武安山中,从浮屠禅师海云游,法名子聪。入仕后改今名,为元世祖忽必烈近臣,至元元年拜光禄大夫参领中书省事,拜太保,为元开国定制勋臣。虽位极人臣,但"斋居蔬食,终日淡然"。每以吟咏自适,其散曲以小令为主,又能诗善词。着有《藏春集》。

南乡子

【题解】

这是一首情景交融的词作。上片写因秋风夜户送凉,鹁鹧声声而勾起的客子之情。下片写夜深难以入眠,通过古寺长宵、青灯寂寥、暮雨芭蕉等诸多意境,揭示出乡愁之意,凄婉逼人。全词清疏松秀,在元初词人中允称作手。

夜户喜凉飙[1],秋入关山暑气消[2]。勾引客情缘底物[3]?鹁鹧[4],落日凄清叫树梢。古寺漏长宵[5],一点青灯照寂寥[6]。暮雨夜深犹未住,芭蕉,残叶萧疏不奈敲[7]。

【注释】

[1]凉飙:亦作"凉飙"。秋风爽凉。飙,音"标"。

[2]关山:关隘山岭。

[3]勾引:招引;吸引。客情:客旅的情怀。缘:因为。底物:何物。

[4]鷦鹩:鸟名。形小,体长约三寸。羽毛赤褐色,略有黑褐色斑点。晋张华《鷦鹩赋》序云:此鸟"生于蒿莱之间,长于藩篱之下,翔集寻常之内。"鷦,音"焦"。鹩,音"辽"。

[5]漏:古代定时器。即漏壶。

[6]青灯:光线青荧的油灯。借指孤寂清苦的生活。寂寥:寂静无声;沉寂。

[7]萧疏:稀疏;稀少。

刘　因

　　刘因(1249—1293),元代著名理学家、诗人,字梦吉,号静修。初名骃,字梦骥。雄州容城(今河北容城县)人。3 岁识字,6 岁能诗,10 岁能文,落笔惊人。年刚 20,才华出众,性不苟合。家贫教授生徒,皆有成就。因爱诸葛亮"静以修身"之语,题所居为"静修"。元世祖至元十九年(1282 年)应召入朝,为承德郎、右赞善大夫。不久借口母病辞官归。母死后居丧在家。至元二十八年(1291 年),忽必烈再度遣使召刘因为官,他以疾辞。死后追赠翰林学士、资政大夫、上护军、追封"容城郡公",谥"文靖"。刘因一生著作甚丰,主要有《四书精要》《易系辞说》等,后人编有《静修先生文集》22 卷。

念奴娇·忆仲良

【解题】

　　这是一首悼念亡友的词作。上下片集中笔墨,交错表现对朋友的忆念及相互间的情谊。既传神地揭示了仲良的性格才能,一生的坎坷际遇,也深情地叙说了两人之间的友情、志趣和对尘俗的厌恶。全词委婉深沉,抑郁悲凉,清末况周颐用"真挚语见性情"来评价此词,可谓深中肯綮。仲良,或说为江西上饶画家王庭钰字。

　　中原形势,壮东南、梦里谯城秋色[1]。万水千山收拾就,一片空梁落月[2]。烟雨松楸[3],风尘泪眼[4],滴尽青青血[5]。平生不信,人间便有离别^[6]。旧约把臂燕南，乘槎天上，曾对河山说^[7]。前日后期今日近，怅望转添愁绝^[8]。双阙红云^[9]，三江白浪^[10]，应负肝肠铁^[11]。旧游新恨，一生都付长铗^[12]。

【注释】

[1]中原二句：谓中原的形势以东南最为雄壮，梦里还会时常看到谯城的秋色。谯城，地名。在今安徽亳州市。

[2]一片句：谓仲良身后人去屋空、落月映照空梁的悲惨景象。

[3]松楸：松树和楸树都是高大的乔木，古人多用以指代家乡故园。

[4]风尘：此喻人世间的奔波劳顿。

[5]青青血：指仲良英年早逝。

[6]离别：当指死别。

[7]旧约三句：当年曾经面对河山约定，一同乘坐竹、木筏，把臂同游。燕南，指今河北南部。乘槎，谓乘船远行。用晋张华《博物志》中典故。传说天河与海通，有居海渚者，年年八月见有浮槎去来，不失期。后乘槎浮海而至天河，遇织女、牵牛之事。

[8]前日二句：谓当时预订的"后期"现已临近，然而由于好友仲良的辞世，满怀的惆怅又增添了极度的忧愁。

[9]双阙：本指古代宫殿、祠庙前两边高台上的楼观。词中借指京城。

[10]三江：指安徽境内的青弋、新安和乌江。

[11]肝肠铁：用以喻仲良的性格。

[12]一生句：谓仲良一生贫苦难以自存，始终未遇赏识其才华的人，只好弹拍剑铗悲歌了。长铗，典出《战国策·齐策四》。齐人冯谖贫苦不能自存，只好寄食孟尝君门下。因食无鱼、出无车、无以为家而三弹其剑铗，歌曰："长铗归来乎！"词中指处境窘困艰难。

萨都剌

萨都剌（约1272—1355），字天锡，号直斋，其先世为西域人，出生于雁门（今山西代县），泰定四年进士。授应奉翰林文字，擢南台御史，以弹劾权贵，左迁镇江录事司达鲁花赤，累迁江南行台侍御史，左迁淮西北道经历，晚年居杭州。萨都剌善绘画，精书法，尤善楷书。有虎卧龙跳之才，人称燕门才子。他的文学创作，以诗歌为主，诗词内容，以游山玩水、归隐赋闲、慕仙礼佛、酬酢应答之类为多，思想价值不高。萨都剌还留有《严陵钓台图》和《梅雀》等画，现珍藏于北京故宫博物院。

满江红·金陵怀古

【解题】

这是一首被古人赞誉的怀古词。词作打破了一般怀古词上下片情景分写的格局，不管是上片的伤春，还是下片的悲秋，都写得大气磅礴，情景交融，浑然一体，厚重的历史沧桑感渗透在字里行间。金陵，即今南京。历史上曾经是六个封建王朝建都的地方。

六代豪华[1]，春去也、更无消息。空怅望、山川形胜，已非畴昔[2]。王谢堂前双燕子，乌衣巷口曾相识[3]。听夜深、寂寞打孤城，春潮急[4]。思往事，愁如织。怀故国，空陈迹。但荒烟衰草，乱鸦斜日。玉树歌残秋露冷[5]，胭脂井坏寒螀泣[6]。到如今、惟有蒋山青[7]，秦淮碧[8]。

【注释】

[1]六代:指曾经在金陵先后建都的六个封建王朝,即:三国吴、东晋、宋、齐、梁、陈。由于这六个王朝都是短命王朝,其兴亡相续的过程,又包含着许多共同的教训,故"金陵怀古"就成了古代诗词的一个专题。每当国运衰微或江山易代之际,作家们都会以此为题来抒发情感。

[2]空怅望二句:谓金陵虽然地理位置优越,地势险要,但随着朝代更迭,往日的形胜之地已发生了巨变。畴昔,往日,从前。

[3]王谢二句:用唐代诗人刘禹锡《乌衣巷》诗诗意,以示沧桑巨变,世事难料。刘诗云:"朱雀桥边野草花,乌衣巷口夕阳斜。旧时王谢堂前燕,飞入寻常百姓家。"

[4]听夜深二句:言夜深人静,长江的春潮寂寞地拍打着金陵这座孤城。因金陵就坐落在长江边上,故云。

[5]玉树句:谓《玉树后庭花》的乐曲已经逐渐消歇。玉树,即南朝陈后主陈叔宝所制乐曲《玉树后庭花》,古人称之为"亡国之音"。

[6]胭脂井:即景阳井,又名"辱井",在金陵城内。旧传栏有石脉,以帛拭之作胭脂痕,故称。当年隋兵破城时,陈后主及其宠妃张丽华,还在《玉树后庭花》的歌舞声中饮酒享乐,匆忙中陈后主携张丽华躲进胭脂井,后被隋兵生擒。寒螀,即寒蝉,螀,音"将"。秋凉后才鸣叫的蝉。泣:形容寒蝉叫声哀怨悲凉。

[7]蒋山:即钟山。在今南京市中山门外。三国吴时,孙权为避祖父孙锺讳,因汉末秣陵尉蒋子文死难于此,故改名蒋山。

[8]秦淮:河名。即秦淮河,为金陵名胜之一。相传秦始皇南巡至龙藏浦,发现有王气,于是凿方山,断长垄为渎入于江,以泄王气,故名秦淮。

高 启

高启(1336—1373),字季迪,号槎轩,平江路(明改苏州府)长洲县(今江苏省苏州市)人,元末明初著名诗人,与杨基、张羽、徐贲被誉为"吴中四杰",当时论者把他们比作"明初四杰",又与王行等号"北郭十友"。洪武初,以荐参修《元史》,授翰林院国史编修官,受命教授诸王。擢户部右侍郎。苏州知府魏观在张士诚宫址改修府治,获罪被诛。高启曾为之作《上梁文》,有"龙蟠虎踞"四字,被疑为歌颂张士诚,连坐腰斩。著有《高太史大全集》《凫藻集》等。

沁园春·雁

【解题】

这是一首咏物词。咏物之作贵在寄托,而寄托又须凭借物象,此词即是一首藉物象寄托深意的佳作。词起笔便紧扣大雁候鸟的特性,进而表现了大雁虽惊悸无助,却仍不失孤高自信的情态。全词雁即是我,我即是雁,雁我合而为一,深细却不滞涩,疏旷又别见深情,最能体现明初不愿和统治者合作的文人"莫恋遗粮犹在田"的复杂心态。此词在词史上与宋末元初张炎的《解连环·孤雁》、清初朱彝尊的《长亭怨慢·雁》鼎足而三,允称咏雁佳构。

木落时来,花发时归,年又一年[1]。记南楼望信,夕阳帘外;西窗惊梦,夜雨灯前[2]。写月书斜,战霜阵整,横破潇湘万里天[3]。风吹断,见两三低去,似落筝弦[4]。相呼共宿寒烟[5],想只在、芦花浅水边。恨呜呜戍角[6],忽催飞起;悠悠渔火,长照愁眠。陇塞间关[7],江湖冷落,莫恋遗粮犹在田。须高举[8],教弋人空慕[9],云海茫然。

【注释】

[1]木落三句:起笔紧扣题意,点出大雁秋日南来、春日北归的候鸟特征。木落,秋时树叶凋零,故用以称秋天。花发,春天百花齐放,故用以称春天。

[2]记南楼四句:写不同心境的人,对大雁叫声的不同感受:有的期盼,有的惊诧。望信,盼望书信。古人谓大雁可以传书,故云。惊梦,从睡梦中惊醒。

[3]写月三句:写大雁在天空中飞翔,队伍或"一"字、或成"人"字,有如书写于万里长天。潇湘,即潇水、湘江。相传大雁南飞,至今湖南衡阳衡山七十二峰之一的回雁峰而止,遇春而北归。因回雁峰就耸立在潇湘间,故古代咏雁诗词,往往关合"潇湘"二字。

[4]风吹三句:写大雁离群掉队下飞有如筝上缺落的弦索。筝弦,古琴筝上的弦索,均按规律整齐排列。

[5]寒烟:指秋冬时暮色水气而起的寒冷烟雾。

[6]戍角:本指军中号角。词中泛指干扰大雁的角吹之声。

[7]陇塞:词中泛指边陲边塞。间关:犹曲折。

[8]高举:谓高飞。

[9]弋人:捕鸟人。弋,音"义"。

张红桥

张红桥(生卒年不详),闽中才妓,居闽县红桥之西,遂以为号。雅丽工诗词,与"闽中十才子"之首林鸿相恋,遂与他成婚,成为林鸿外室。夫妻间唱和诗词甚多。后林鸿赴南京任礼部精膳司员外郎,夫妻惜别,红桥顾影自怜,思念成疾,不久病卒。

念 奴 娇

【题解】

这是一首伤离惜别之词。上片写难分难舍的离别。下片回首往事,期盼未来。全词情感真挚,愁肠百结,语言浅近而字字出自肺腑。虽也用典,却均为熟典,且切合时地。在我国古代,不乏写文人和妓女的文学作品。而反映夫妻间情感的作品却较少,这正是本词最为可贵的地方。

凤凰山下[1],恨声声、玉漏今宵易歇[2]。三迭《阳关》歌未尽[3],城上栖乌催别[4]。含怨吞声,两行清泪,渍透千重铁[5]。柔情一缕,不知多少根节[6]。还忆浴罢描眉,梦回携手,踏碎花间月[7]。漫道胸前怀豆蔻,今日总成虚设[8]。桃叶津头,莫愁湖畔[9],远树云烟迭叠[10]。寒灯帘幕[11],荧荧与谁闲说[12]?

【注释】

[1]凤凰山:山名。在今福建同安县北。

[2]玉漏:古代对计时漏壶的美称。今宵易歇:指今晚时间易逝。

[3]三叠《阳关》:即《阳关三叠》。古曲名,又称《渭城曲》。因唐王维《送元二使安西》诗而得名。后入乐府,以为送别之曲,反复诵唱,遂谓之"阳关三叠"。

[4]栖乌:晚宿的归鸦。

[5]渍透:浸湿。铁:此谓铁甲。

[6]根节:犹关键,关节。

[7]还忆三句:追忆往昔夫妻间的恩爱和欢娱。

[8]漫道二句:谓虽是佩戴豆蔻,满心盼望子嗣,可你这一走就"总成虚设"了。豆蔻,多年生草本植物。高丈许,秋季结实。种子可入药,产岭南。南方人往往取其尚未大开者,以其形如怀孕之身,故称含胎花。佩戴身上,以求子嗣。

[9]桃叶二句:桃叶津,即桃叶渡,在今南京秦淮河畔。相传晋王献之在此以歌送别爱妾桃叶:"桃叶复桃叶,渡江不用楫。但渡无所苦,我自迎接汝。"莫愁湖,湖名,在今南京水西门外,相传六朝时一个名叫莫愁的女子居此。善歌,其歌云:"莫愁在何处? 莫愁石城西。艇子打两桨,催送莫愁来。"词人在这里连用两个典故,目的非常明确,希望丈夫能像王献之那样,向她发出"我自迎接汝"的呼唤;或主动打起双桨,催送莫愁的到来。

[10]远树句:谓夫君这一去云烟重叠,既不可望,更不可及。

[11]寒灯:寒夜里的孤灯。帘幕:用于门窗处的帘子与帷幕。

[12]荧荧:光闪烁貌。

程本立

程本立(？—1402)字道原,号巽(音训)隐,浙江桐乡人。官右佥都御史,改江西按察副使,未行,值燕王南下夺位,自缢死。南明福王时追谥忠介。有《巽隐集》传世。

清 平 乐

【题解】

这是一首看似隐晦却内含深意的词作。远大的胸怀抱负难以实现的苦闷,对隐士远离尘市的山居生活的向往,都包容在字里行间。

山翁归去[1],记得来时路。雨涨溪泉人不渡。花外鸟啼何处?人间不是山中,高怀都付丝桐[2]。一曲《瑶池宴》罢[3],春风吹尽残红。

【注释】

[1]山翁:词中用以指隐士。

[2]高怀:大志;高尚的胸怀。丝桐:指琴。古人削桐为琴,练丝为弦,故称。

[3]《瑶池宴》:古琴曲。声调舒缓,流露出淡淡的哀愁。

张 肯

张肯,生卒年不详,字继孟,浚县(今属河南)人,有《梦庵词》。

浪淘沙·咏莎滩

【题解】

宿鹭眠鸥、渔人傍宿的莎滩,本是旅途中常见的景物。词人却把归宿无着的羁旅离愁,寄托在这翠茵似剪的莎滩上。全词纯以景物传情,清丽淡雅,深情绵邈,足见作者填词的工力。莎滩,长满莎草的水边陆地。莎,草名,即"香附子",多年生草本植物,多生于潮湿地区或边陆地。茎直立,叶细长。膨大的块茎可入药。

雨过碧云秋,占断滩头。沧浪翻处湿纤柔[1]。谁展翠茵平似剪[2],宿鹭眠鸥。沙尾远凝眸[3],雨惨烟愁。萋萋不共水东流。几度渔人来傍宿,绿映孤舟。

【注释】

[1]沧浪:指水色青苍。纤柔:纤细而柔软。

[2]翠茵:谓绿草如茵。

[3]凝眸:注视;目不转睛地看。

唐 寅

唐寅(1470—1523),字伯虎,一字子畏,号六如,吴县(今江苏苏州)人。明孝宗弘治十一年(1498年)举应天府乡试第一名,故有解元之称。次年会试以科场案下狱,革黜功名。遂弃科举业,漫游各地名山大川,纵酒佯狂,放浪形骸以终。其诗词创作,他人虽有微词,然亦有可读者。与文征明、祝允明、徐祯卿合称"吴中四子"。尤以书画名世。有《唐伯虎全集》传世。

一 剪 梅

【题解】

这首闺情词,形象地倾诉了因时空阻隔而不能和丈夫团聚的主人公内心所受的折磨和痛苦。词作音调和谐,词句清圆朗润,是唐寅词中的优秀代表。

雨打梨花深闭门[1],忘了青春,误了青春。赏心乐事共谁论?花下销魂,月下销魂[2]。愁聚眉峰尽日颦[3],千点啼痕,万点啼痕。晓看天色暮看云[4],行也思君,坐也思君。

【注释】

[1]雨打句:用宋代词人李重元《忆王孙·春词》成句。

[2]销魂:黯然神伤。花下、月下:谓无时无刻,时时处处。

[3]愁聚句:谓整日眉头紧锁有如峰峦耸起。

[4]晓看句:指人在日思夜想的情景下,所做出来的无意义、无意识行为。

文征明

文征明(1470—1559），初名璧，字征明，以字行，改字征仲，号衡山，江南长洲(今苏州)人。由岁贡荐举特授翰林院待诏，未及三年辞归，卒后私谥"贞献先生"。博雅多能，与祝允明、唐寅、徐祯卿称"吴中四才子"；尤长于书画，与沈周、唐寅、仇英并称"明四家"，其诗词文均为书画名所掩。着有《莆田集》。

满 江 红

【题解】

岳飞是宋代杰出的爱国英雄，后以"莫须有"的罪名，被当时的统治者杀害。但遗憾的是有关岳飞的文学作品，历代作家总认为秦桧是杀害岳飞的罪魁祸首。文征明的这首《满江红》词没有人云亦云，而是把宋高宗作为杀害岳飞的刽子手来加以谴责。独具慧眼道一般人之所未道，正是本词最有价值之处。全词夹叙夹议，正气凛然，充满浓浓的爱国深情。

拂拭残碑，敕飞字、依稀堪读[1]。慨当初、依飞何重，后来何酷[2]。岂是功高身合死，可怜事去言难赎。最无端、堪恨又堪悲，风波狱[3]。岂不念，疆圻蹙[4]。岂不念，徽钦辱[5]。但徽钦既返，此身何属。千载休谈南渡错，当时自怕中原复[6]。笑区区、一桧亦何能[7]，逢其欲。

【注释】

[1]拂拭二句:据清初徐釚《词苑丛谈》云:"夏侯桥沈润卿掘地得宋高宗赐岳侯手敕刻石。"按,当年宋高宗给岳飞的敕书,有多封,文征明提到的这封敕书,不知是哪一道。所幸高宗的敕书,已全部收入岳珂所编的《金陀粹编》中,可参看。

[2]慨当初二句:以"敢战士"应募,起于行伍的宋代民族英雄岳飞,宋高宗在地位没有巩固、南北对峙的局面没有确立时,可以说把他视为股肱之臣。如绍兴四年(1134年)十一月,援淮西二诏中就说"卿有忧国忧君之心,可即日引道,兼程前来。朕非卿到,终不安心"、"卿义勇之气,震怒无前……既见可乘之机,即为捣虚之计"云云。之后高宗赵构牢牢掌握了朝政,南北对峙已成定局,高宗和秦桧便在投降的道路上越走越远,欲尽弃淮北之地以求和。恐诸将不服,乃设谋尽收诸将兵权。诸将中飞主战最力,屡上表请收复两河、燕云等地。桧知飞志锐不可回,乃一日下十二道金字牌召飞还,后又诬飞反,下狱,绍兴十一年(1141年)十二月将岳飞杀害,飞年仅三十九岁。

[3]风波狱:即南宋大理寺狱,在大理司内风波亭,故址在今杭州小车桥附近。赵构、秦桧用十二道金字牌把岳飞召回后,就杀害于大理寺内风波亭。

[4]疆圻蹙:指疆界收缩,国土减小。疆圻:疆界,圻,音"齐"。蹙:收缩,音"促"。

[5]徽钦辱:指靖康元年(1126年),宋徽宗、钦宗父子被金兵俘虏北去之事。徽,指宋徽宗赵佶;钦,指钦宗赵桓。二人高宗赵构之父兄,后均死于金人所占领的北方。

[6]千载二句:谓高宗怕的是岳飞北伐成功,一旦收复中原,徽钦二帝南归,他的皇帝宝座就坐不稳了。

[7]区区:小小;微不足道。桧:指当时主降的奸相秦桧。

夏 言

夏言(1482—1548),字公谨,江西贵溪人。正德十二年(1517 年)进士,历官吏科给事中、翰林院侍读、入直内阁,至吏部尚书、华盖殿大学士,居首辅。后为奸相严嵩所忌,借故夺职构陷至死。嵩败,追复原官,谥文愍。夏言诗文词曲均擅名一时,尤以词曲见长。著有《桂州集》。

浣溪沙 · 春暮

【题解】

这是一首被陈廷焯称赞为"语意幽远"(《词则·大雅集》卷四)的词作。全词既有留春无计的隐隐惆怅,也有时光季节易逝的淡淡感伤。

庭院沉沉白日斜,绿阴满地又飞花。瞢腾春梦绕天涯[1]。帘幕受风低乳燕[2],池塘过雨急鸣蛙[3]。酒醒明月照窗纱。

【注释】

[1]瞢腾:睡梦迷糊貌。瞢,音"萌"。
[2]低乳燕:"乳燕低"的倒文。乳燕,雏燕。
[3]急鸣蛙:"蛙急鸣"的倒文。

杨 慎

杨慎(1488—1559)字用修,号升庵,四川新都人。其父杨廷和官居大学士、首辅大臣。从小就受过良好的封建正统教育的杨慎,于明武宗正德六年(1511年)高中辛未科状元,官经筵讲官。明世宗嘉靖三年(1524年)因谏议"大礼仪"遭廷杖削籍,谪戍云南永昌卫(今保山),羁管三十余年。嘉靖三十八年(1559年)死于贬所。熹宗天启间追谥文宪。杨慎广闻博识,仕途的挫折与人生的苦难,成就了他的知识博洽、著述宏富,于学术、诗、文、词、曲、戏剧等方面均有成就。所著除了作品集《升庵集》外,还有《丹铅余录》《诗话补遗》《词林万选》等共一百四十多种,被《明史》称为明代博学第一。

临江仙·《廿一史弹词》第三段 说秦汉开场词[1]

【题解】

这是杨慎《廿一史弹词》中第三段说秦汉的开场词。清初毛宗岗父子将该词置于《三国演义》的开头,使本已脍炙人口的这首词,流传更广。本来作者所写,只不过是对历史的某种"感悟"而已。然而他不同凡响的出身和状元的殊荣,与一朝获罪三十多年困于贬所、最终死于贬所的人生悲剧的巨大反差,使得他对盛衰成败的理解更加深刻。因此,词作虽然非常超脱,无具体的历史事件和人物,但却包容了只有青山常在、绿水常存,封建王朝的是非成败乃至其本身都不能久长的道理,是一首以内涵丰富见长的作品。

　　滚滚长江东逝水,浪花淘尽英雄[2]。是非成败转头空。青山依旧在,几度夕阳红。白发渔樵江渚上[3],惯看秋月春风。一壶浊酒喜相逢[4]。古今多少事,都付笑谈中。

【注释】

[1]《廿一史弹词》:长篇弹词名,原名《历代史略十段锦词话》,以二十一史为题材写成的通俗说唱文学读物。是杨慎晚年的作品。全书以史为序,分为十段,一段相当于一回,每段以一首词贯之于首。此词为第三段说秦汉的开场词。

[2]滚滚二句:谓英雄人物在历史长河的冲刷淘洗中消失殆尽。

[3]江渚:江中小洲。亦指江边。

[4]浊酒:用糯米、黄米等酿制的酒,亦称米酒。因酒体混浊,故名。也泛指档次低的酒。

浪　淘　沙

【题解】

　　这是一首写男女相思的作品。词作开头春梦的缥缈朦胧,结尾处满面泪流的伤感和无奈,都给人留下极深刻的印象。清人毛先舒盛赞之"有沐兰浴芳、吐云含雪之妙;其流丽辉映,足雄一代,较于《花间》《草堂》,可谓俱撮其长矣"(《诗辩坻》卷四),即指这类词作而言。

　　春梦似杨花,绕遍天涯。黄莺啼过绿窗纱。惊散香云飞不起[1],篆

缕烟斜[2]。油壁小香车[3]，水渺云赊[4]。青楼竹箔那人家[5]。旧日罗巾今日泪[6]，湿尽韶华[7]。

【注释】

[1]香云:美好的云气,祥云。

[2]篆缕烟:指缕缕篆烟。篆烟:盘香的烟缕。

[3]油壁小香车:古代妇女所乘的油壁车。

[4]水渺云赊:像水一样渺茫,像云一样遥远。赊:指距离遥远。

[5]青楼:指青漆涂饰的豪华精致的楼房。竹箔:此谓竹帘。

[6]罗巾:丝织的手巾。

[7]韶华:指美好的年华。

沈宜修

沈宜修(1590—1635),字宛君,江南吴江(今属江苏)人。山东副使沈珫女,工部主事叶绍袁妻。生八子三女,与其夫及子女皆雅善诗词,一家常有唱和。第六子叶燮及女儿叶纨纨、小纨、小鸾,才名尤著。沈宜修夫妇隐居汾湖时,以诗词自娱,她着有梅花绝句百首,称为《香雪吟》,传唱一时,又编辑当时著名女词人的作品为《伊人思》。后季女小鸾年十七临嫁而夭,长女纨纨因哭妹过哀而卒,宜修神伤心死,幽郁憔悴,三载而亡。后叶绍袁编其妻女合集为《午梦堂集》,第一种即宜修之《鹂吹集》。其词小令清妍幽婉,长调多抑郁悲凉,在明代女词人中,显然是第一流的。

蝶恋花·感怀

【题解】

这是一首表现闺情的词作。上片由景即情,下片由情及景,抒情女主人公相思的无奈和忧愁,均表露无遗。

犹见寒梅枝上小。昨夜东风,又向庭前绕。梦破纱窗啼曙鸟,无端不断闲烦恼。却恨疏帘帘外渺[1]。愁里光阴,脉脉谁知道[2]?心绪一砧空自捣[3],沿阶依旧生芳草。

【注释】

[1]疏帘:指稀疏的竹织窗帘。

[2]脉脉:连绵不断貌。

[3]心绪句:谓相思之愁苦,不能自已,只能以心作"砧",空自"捣衣"。砧,捣衣石。

张倩倩

张倩倩（1594—1627），沈宜修姑母之女，宜修弟、当时著名剧作家沈自征（字君庸）妻。据宜修《表妹张倩倩传》记载："倩倩姿性颖慧，风度潇洒。"又说，工诗词，然"作即弃去"。宜修小女叶小鸾幼时即为倩倩抚养。张倩倩所留下的诗四首、词三首，均据叶小鸾记诵。

蝶恋花·丙寅寒夜，与宛君话君庸作

【题解】

丙寅，指明熹宗天启六年（1626 年），即张倩倩病故的头一年。君庸，即张倩倩的丈夫、著名戏曲家沈自征。宛君，即作者表姐沈宜修。因为生计关系，作者丈夫沈自征被迫远走他乡。被表姐沈宜修接到家中居住的作者，当时已疾病缠身，回首"丙寅寒夜，与宛君话君庸"的往事，作者含泪写下这首相思闺怨的词作。全词沉痛哀怨，而又肝肠寸断，是一曲封建社会独守空闺的女性的心声。

漠漠轻阴笼竹院[1]，细雨无情，泪湿霜花面。试问寸肠何样断[2]？残红碎绿西风片[3]。千遍相思才夜半，又听楼前，叫过伤心雁。不恨天涯人去远，三生缘薄吹箫伴[4]。

【注释】

[1]漠漠:广无涯际貌。

[2]寸肠:此谓心事。

[3]残红碎绿:指落花落叶。

[4]二生:佛家谓前生、今生、来生。吹箫伴:用箫史、乔玉之典。箫史,秦穆公时人,善吹箫,能致孔雀、白鹤于庭。穆公有女,字弄玉,好之,公遂以女弄玉妻之,日教弄玉作凤鸣。居数年,吹似凤声,凤凰来止其屋。公为作凤台,夫妇来止其上,又皆随凤凰飞去。后此典亦作夫妇间长相厮守的典故。

陈子龙

陈子龙(1608—1647),初名介,字卧子、懋中、人中,号大樽、海士、轶符等,南直隶松江华亭(今上海松江)人。崇祯十年(1637年)进士,曾任绍兴推官,论功擢兵科给事中,命甫下而明亡。清兵陷南京,他和太湖民众武装组织联络,开展抗清活动,事败后被捕,投水殉国。陈子龙为明末重要作家,诗歌成就较高,诗风或悲壮苍凉,充满民族气节;或典雅华丽;或合二种风格于一体。擅长七律、七言歌行、七绝,被公认为"明诗殿军"。陈子龙亦工词,为婉约词名家、云间词派盟主,被后代众多著名词评家誉为"明代第一词人"。其作品,多收入《陈忠裕公全集》之中。

浣溪沙·杨花

【解题】

作者和当时秦淮名妓柳如是之间,曾经有过一段刻骨铭心的恋情,后因种种原因而没有能够走到一起。因此,作者在崇祯八年(1635年)前后所写的诗词,但凡关涉杨柳题材的,大抵均为这段难忘的往事的表露。这首小令亦然。既有对柳如是的怜爱和忧虑,又有作者自己满怀的惆怅和无奈。全词虽无一字提到杨花,也没有对杨花形象作正面刻画,然而却句句紧扣杨花。清王士禛用"不着色相,咏物神境"来评价此词,当为知音之论。

百尺章台撩乱飞,重重帘幕弄春晖[1]。怜他飘泊奈他飞。淡日滚残花影下,软风吹送玉楼西[2]。天涯心事少人知。

【注释】

[1] 章台:本为汉代长安街道名,其地多种柳。后泛指妓院聚集之地。这二者,均与柳如是有关。春晖:春日的阳光。

[2] 软风:和风。

唐多令·寒食。
时闻先朝陵寝,有不忍言者

【题解】

坐落在北京天寿山麓的明十三陵,对于明遗民来讲,永远是朱明王朝的象征。所以当听到"先朝陵寝"被清兵破坏的荒凉景象后,作者悲痛无比,含泪写下被人称作"先生绝笔"的两首词——这首《唐多令·寒食》是其中一首,另一首是《二郎神·清明感旧》。词情遥祭传哀,故国之思,忧愤之情,溢于言表。特别是本词结尾处哀兵决战的坚定信念,更增强了词作感人的力量。词作与作者国变之前的作品相比,更是大异其趣,足见作者词风在渗入家国之痛后的巨大转变。

碧草带芳林,寒塘涨水声。五更风雨断遥岑[1]。雨下飞花花上泪,吹不去,两难禁。双缕绣盘金,平沙油壁侵[2]。宫人斜外柳阴阴[3]。回首西陵松柏路[4],肠断也,结同心[5]。

【注释】

[1] 遥岑:远山。

[2] 双缕二句:均指代明代帝王的陵寝。双缕句,指用双金线绣成的金缕衣。油壁,车

名。指古代妇女所乘之车,因车身饰以油漆,故名。以上两句含蓄地暗示"先朝陵寝"被清兵破坏的情状。

[3]宫人斜:本指唐代宫女的陵墓。

[4]西陵:本指南朝齐钱塘名妓苏小小之墓。词中代指坐落在北京天寿山麓的明十三陵。

[5]肠断也二句:对友明志,通心声于地下,化祭语而入词。

李雯

李雯(1608—1647),字舒章,江南华亭(今上海松江)人。明崇祯十五年(1642年)举人,入清,荐入弘文院撰文,授中书舍人,充顺天乡试同考官。早岁倡立几社,与夏彝仲、陈子龙、周立勋、徐孚远、彭宾相唱和,时称"云间六子"。诗与陈子龙齐名,人称陈、李。官中书后,一时诏书多出其手。杨际昌谓其诗"宗王弇州(世贞)、李于鳞(攀龙)"(《国朝诗话》)。尤工词,为明末清初"云间词派"代表作家之一。着有《蓼斋集》四七卷、《蓼斋后集》五卷、《蓼斋词》(初名《仿佛楼草》)一卷。其词凄清婉丽著称于世,晚作多怨苦悔恨语,故情感愈深。

菩萨蛮·忆未来人

【题解】

这首词写于1644年崇祯帝上吊自缢、明王朝宣告灭亡之后。作者晚年正当明、清易代之际,对春归国亡、自己身仕二朝的现实感叹万端,因而写下了这首情感深沉的词作。全词借景抒情,寓情于景,既有对朱明王朝的深深伤悼,也有降清后心虽在、身已死的心迹自表。全词曲折朦胧,哀感顽艳,"胭脂"、"碧"的凝滞浓重,"玉"、"青"的寒气逼人,"斜阳"、"杜鹃"的凄迷惨恻,都给人留下了深刻印象。晚清词人、词论家谭献用"亡国之音"(见《箧中词》一)来评价这首词,堪为破的之论。未来人,本为"后来人"之意,包括"日后重逢、身后评论的知我罪我的一切人"(严迪昌语)。

蔷薇未洗胭脂雨[1]，东风不合催人去[2]。心事两朦胧，玉箫春梦中[3]。　斜阳芳草隔，满目伤心碧[4]。不语问青山，青山响杜鹃[5]。

【注释】

[1]蔷薇：植物名。多年生落叶灌木，花白色或淡红色。未洗胭脂雨：意为蔷薇花尚未开盛开足。

[2]不合：不该。

[3]玉箫：女子名。据唐范摅《云溪友议》卷三：唐韦皋未仕时，寓江夏姜使君门馆，与侍婢玉箫有情，约为夫妇。韦归省，愆期不至，箫绝食而卒。春梦：春日之梦。常以喻世事无常，繁华易逝。

[4]满目句：谓满目青山在愁人心上的感觉，言青得发怵发惨，使人伤心无比。

[5]杜鹃：鸟名，又名杜宇、子规。相传为古蜀王杜宇之魂所化。春末夏初，常昼夜啼鸣。其声哀切悲凉，故古人有杜鹃啼血之说。

吴伟业

吴伟业(1609—1672)字骏公,号梅村,又号鹿樵生,江南太仓(今江苏太仓)人。明崇祯四年(1631 年)一甲二名进士,历任翰林院编修、东宫讲读官、南京国子监司业、左庶子等官。南明福王时,官少詹事。时马士英、阮大铖当政,拟兴党狱,急请假归。入清,初不出仕。顺治九年(1652 年),清廷强征之,经年始入京,官秘书院侍讲,转国子监祭酒。十三年(1656 年),奔继母丧南归。家居十四年而殁。遗命以僧服殓,题"诗人吴梅村之墓"。吴伟业早年受学于复社领袖张溥。复社继东林党而起,讲学又议论朝政,溥门下士不下千人,伟业为首。李自成破北京时,伟业方里居。入清后虽十年在野,但仍主持文社。伟业博览群书,学有本原,也谙熟史事。其古文委曲条畅,风格与钱谦益相近。其诗取法唐人,亦偶参宋调,尤以七言歌行著称于世,诗人赵翼称他为"近代中之大家",李慈铭以为"其长歌古今独绝",张尔田谓其"声情骏宕,上掩元、白,而苍凉激楚过之"。又工词与传奇,晚清词人、词论家陈廷焯谓其词"高者有与老坡(苏轼)神似处"。著作有《春秋地理志》《春秋氏族志》《诗话》等多种。

临江仙·逢旧

【题解】

这是一首怀念旧日情人卞玉京的词作。卞玉京,名赛,字赛赛,明末秦淮名妓。能诗善画,工小楷,善鼓琴。甲申之乱后为女道士装,号玉京道人。词人早年与卞玉京相互爱恋,后因诸多原因没有走到一起,十年后当

二人重逢，感触之多，自可想象。吴伟业词早年本也属香艳一路，以富赡的才华写情爱缠绵自是本色当行。故此词语似平淡，哀感良多，"萧郎"、"薄幸"的自责，"此生终负卿卿"的歉疚，把抒情主人公多情才士的形象，刻画无遗。

落拓江湖常载酒[1]，十年重见云英[2]。依然绰约掌中轻[3]。灯前才一笑，偷解砑罗裙[4]。薄幸萧郎憔悴甚[5]，此身终负卿卿[6]。姑苏城上月黄昏[7]。绿窗人去住[8]，红粉泪纵横[9]。

【注释】

[1]落拓句：用唐杜牧《遣怀》诗"落拓江湖载酒行，楚腰纤细掌中轻"诗意，极言别后伤怀。落拓，指穷困失意。

[2]十年句：用唐诗人罗隐与妓云英典故，借指自己与卞玉京十年后的相见。既是自嘲，亦用以抒发悲凉情怀。罗隐初赴举，于锺陵席上见云英，十二年后复见云英，此时罗仍是白身。云英问："罗秀才犹未脱白耶?"罗隐羞愧万分，作诗嘲之曰："锺陵醉别十余春，重见云英掌上身。我未成名君未嫁，可能俱是不如人。"

[3]依然句：谓卞玉京依然柔婉美好，体态秀美。绰约，借指女子柔婉美好。掌中轻，相传汉成帝之后赵飞燕体态轻盈，能在掌上舞蹈。

[4]灯前二句：写情人见面相悦缠绵的情状。词人与卞玉京之间早有欢爱之事，其《西江月》《醉春风》等词作就有笔墨香艳的描写，然艳不伤雅，双方真情却得到充分体现。砑罗裙，用砑罗制作的裙。砑罗，一种光滑的丝织品。

[5]薄幸：犹言薄情，负心。萧郎：事出《唐诗纪事·崔郊》。崔郊之姑有一婢，后卖给他人，郊十分思念，因作《赠去婢》诗曰："公子王孙逐后尘，绿珠垂泪滴罗巾。侯门一入深如海，从此萧郎是路人。"后因以指女子爱恋的男子为"萧郎"。

[6]此身句：面对卞玉京，词人自责之词。卿卿，男女间的昵称。南朝宋刘义庆《世说新语·惑溺》："王安丰（戎）妇常卿安丰，安丰曰：'妇人卿婿，于礼为不敬，后勿复尔。'妇曰：'亲卿爱卿，是以卿卿，我不卿卿，谁当卿卿?'"

[7]姑苏:苏州的别称。因其地有姑苏山而得名。

[8]绿窗:妇女之居室。唐李绅《莺莺歌》:"绿窗娇女字莺莺,金雀娅鬟年十七。"

[9]红粉:本指古代妇女所用的一种化妆用品,后用以代指美女。

贺新郎·病中有感

【题解】

作为一个身事两朝之人,吴伟业常为自己名节有亏而感到愧疚,其病中写下的这首极度痛苦和悔恨参半、据说又是"绝笔"的词作,为自己的人生画上了一个沉重的句号。全词用历史人物和明亡时慷慨死节的友人和自己作对比,用以反衬自己当年"沈吟不断、草间偷活"的可耻;又用名医华佗再生也无法治愈自己的心病,来表示胸中尚有一腔热血。情感真挚,一气而下,熔身世之感和时事之慨于一炉,凄怆悲凉,自怨自艾,从深层揭示了明清易代之际,某些进退失据的文人极为复杂的心路历程。

万事催华发!论龚生[1]、天年竟夭[2],高名难没[3]。吾病难将医药治,耿耿胸中热血[4]。待洒向、西风残月。剖却心肝今置地,问华佗解我肠千结[5]。追往恨,倍凄咽。故人慷慨多奇节[6]。为当年、沈吟不断,草间偷活[7]。艾炙眉头瓜喷鼻[8],今日须难决绝[9]。早患苦,重来千叠。脱屣妻孥非易事[10],竟一钱不值何须说!人世事,几完缺[11]?

【注释】

[1]龚生:即龚胜,西汉彭城人。哀帝时为谏议大夫,后出为渤海太守。王莽篡位,归隐乡里。莽数遣使征之,拜上卿,不受。语门人高晖等曰:"且暮入地,岂以一身事二姓,下

见故主哉?"遂绝食死。详见《汉书·龚胜传》。

[2]天年:指自然的寿数。夭:少壮而死。

[3]高名:盛名,名声大。

[4]耿耿:烦躁不安,心事重重。

[5]华佗:汉末名医。精于方药、针灸及外科手术。后多用以代指名医。肠千结:谓心中痛楚,有如肠子缠绕打结。千,言"结"之多,无法解开。后以喻不治之症。强调病重,多借指心病。

[6]故人句:这里指作者友人中为抗清而死节的陈子龙、夏允彝夏完淳父子、杨文骢等。故人,老朋友。

[7]为当年二句:是对自己当年背主降清的苟活行为的悔恨和憎恶。沈吟,犹豫不决。草间偷活,事见《晋书·周颉传》:王敦叛逆,有人劝周颉躲避,周颉正色道:"吾备位大臣,朝廷丧败,宁可复草间求和,外投胡越耶?"

[8]艾灸眉头句:艾灸眉头、瓜喷鼻均指中医治病的方法。据《隋书·麦铁杖传》:"及辽东之役,(铁杖)请为前锋,顾谓医者吴景贤曰:'大丈夫性命自有所在,岂能艾炷灸颏,瓜蒂歕鼻,治黄不差,而卧死儿女手中乎?'"黄,古代指热病。

[9]决绝:指永别。

[10]脱屣妻孥句:谓和妻子儿女诀别,并不像脱鞋一样轻巧。典出《汉书·郊祀志》中汉武帝语:"嗟乎,诚得如黄帝,吾视去妻子犹脱屣耳。"脱屣,脱掉鞋子,喻把事情看得很轻。屣,鞋。妻孥,妻子和儿女。

[11]完缺:完指完人;缺指名节有亏,晚节不保之人。

徐　灿

徐灿(约1617—1698)字明霞,又字深明,号湘苹,晚年皈依佛门,更号紫箐(音"言"),江苏长洲(今苏州)人。光禄丞徐子懋次女,海宁陈之遴继室。陈之遴为明崇祯进士,官中允。入清,累官弘文院大学士,加少保。坐结党营私,以原官发辽阳居住。寻召还,以赂结内监吴良辅论斩,免死流徙,卒于徙所。灿随夫谪迁塞外,度过了十二年艰难的岁月,才得以返回故乡。灿工诗词,精书画。以燕京元夜词著称于时。善画宫妆美人,笔法古秀,间亦点染作花草。工艳流丽,而绝纤佻之习。词得北宋风格,陈维崧《妇人集》称其"南宋以来,闺房之秀,一人而已"。后期词才锋遒丽,绝无脂粉气,在男子所作尚多闺音的古代,的确难得。著有《拙政园诗余》三卷。

唐多令·感怀

【题解】

此词为徐灿在顺治三年(1646年)或四年,因其丈夫陈之遴被清廷起用,重到北京后不久所作。当时南方各地战火未熄,故词中有"小院入边愁,金戈满旧游"之语。全词表现了作者面对重新到来的荣华富贵时的忧愁,以及希望与丈夫一同归隐江湖的心愿。

玉笛送清秋[1],红蕉露未收[2]。晚香残、莫倚高楼。寒月羁人同是客[3],偏伴我,住幽州[4]。小院入边愁[5],金戈满旧游[6]。问五湖、那有扁舟[7]?梦里江声和泪咽,何不向,故园流[8]。

中国历代词、曲精品秀

【注释】

［1］玉笛：竹笛的美称。此指笛声。清秋：明净爽朗的秋天。

［2］红蕉：植物名，即美人蕉。

［3］羁人：旅客。

［4］幽州：古九州岛之一。《尔雅·释地》："燕曰幽州。""燕"指战国燕地，即今河北北部及辽宁一带。

［5］边愁：因边乱、边患而引起的愁苦之情。

［6］金戈：指战乱。

［7］问五湖句：用春秋时越国范蠡既雪会稽之耻，携西施乘船归隐的典故。春秋末，越国大夫范蠡辅佐越王勾践，经过十年卧薪尝胆，遂灭吴。蠡以为大名之下，难以久居；且勾践可与共患难，不可与共安乐，遂携西施乘轻舟游五湖，不知所终。五湖，即今江苏太湖。太湖之滨至今仍有以范蠡名字命名的"蠡园"。扁舟，小船。

［8］故园：故乡。

陈维崧

陈维崧(1625—1682),字其年,号迦陵,江南宜兴(今属江苏)人。陈于廷孙,陈贞慧子。康熙十八年(1679年)举博学鸿词科,授翰林院检讨,与修《明史》,时年已五十四,越四年而卒于官。著有《湖海楼诗集》八卷、《迦陵文集》一六卷、《湖海楼词》三〇卷,又与潘眉同辑《今词选》,又有《两晋南北史集珍》六卷。生平事迹见《清史稿》卷四八四、《清史列传》卷七一《文苑传》二、李元度《国朝先正事略》卷三九、徐干学《陈检讨维崧志铭》、蒋永修《陈检讨迦陵先生传》、蒋景祁《迦陵先生外传》等。

齐天乐·辽后妆楼[1]

【解题】

这是陈维崧咏史词中以婉丽见长的一首作品。上片写当年月明花晓时分,辽后在妆楼梳妆的情景。着墨虽不多,但辽后的雍容华贵,却已入木三分;下片写时过境迁,辽后妆楼也同建业萧家一样,早已沉寂在西风残照之间。古今兴废之感,人事沧桑之变,娓娓道出,有意到笔随,春风物化之妙。陈廷焯用"同时不乏佳作,无出此右者"(《词则·大雅集》卷五)来称赞这首词。吴梅亦评价说:"《齐天乐·辽后妆楼》诸阙,婉丽闲雅,何亚竹垞(朱彝尊)乎?"(《词学通论》第九章)

洗妆楼下伤情路,西风又吹人到。一绺山鬟[2],半梳苔发[3],想象新兴闹扫[4]。塔铃声消,说不尽当年,月明花晓。人在天边,轴帘遥闪茜钗小[5]。　　如今顿成往事,回心深院里[6],也长秋草。上苑云

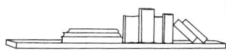

房^[7]，官家水殿^[8]，惯是萧娘易老^[9]。红颜懊恼，与建业萧家^[10]，一般残照。惹甚闲愁，且归斟翠醥^[11]。

【注释】

[1]辽后妆楼：指辽道宗宣懿皇后的梳妆楼。据清高士奇《金鳌退食笔记》："琼华岛在太液池中，从承光殿北度石梁至岛，其颠古殿榜曰广寒之殿，相传本辽后梳妆楼。历金、元、明皆有宫殿，为游观之地。"至清代中叶，此妆楼已倾圮无存。遗址在辽京城皇都（今内蒙巴林左旗林东镇）。辽后，辽将萧惠之女，小字观音。姿容冠绝，工诗善言谈，能制歌词，尤善琵琶。初受道宗宠爱，因谏道宗畋猎而被疏远。后因他人谗言中伤，道宗赐她自尽。

[2]一绺山鬟：谓远山如女子的翠缕云鬟。绺：本指丝缕编成的线，此处代指发髻。

[3]苔发：谓状如绿苔之发。

[4]闹扫：即闹扫妆。唐时宫中发髻名。明焦竑《焦氏类林·冠服》："唐末宫中髻，号闹扫妆，形如焱风散鬈，盖盘雅、堕马之类。"

[5]轴帘：卷帘。茜钗：指妇女所用的绛红色的钗。

[6]回心深院：即回心院，唐宫院名。唐高宗王皇后及萧良娣既废，囚宫中。一日高宗念后，间行至囚所，见门禁锢严，进饮食窦中，恻然伤中，呼曰："皇后、良娣，无恙乎？今安在？"二人流泪鸣咽，王曰："陛下幸念畴日，使妾死更生，复见日月，乞署此为回心院。"见《新唐书·高宗废后王氏传》。相传辽道宗萧皇后作《回心院词》十首，令伶官赵惟一配乐，亦以寓望幸之意。后因耶律乙辛诬告她与赵惟一私通，道宗赐她自尽。见宋王鼎《焚椒录》。

[7]上苑：专为帝王玩赏、打猎的园林。云房：原指僧道的居室。这里借指帝王的行宫。

[8]水殿：指建在水上的殿宇。

[9]萧娘：南北朝时泛称女子为萧娘。这里指辽后萧观音。

[10]建业萧家：指在建业（今江苏南京）建立政权的南朝梁武帝萧衍及其子孙。南朝梁在历史上也是一个短命王朝，立国仅55年，便在侯景的攻打之下，宣告灭亡。

[11]翠醥：清酒，即古代的好酒，醥，音"票"的上声。古代酒只有清、浊之分。清酒即为好酒。

朱彝尊

朱彝尊(1629—709),字锡鬯,号竹垞,晚号小长芦钓鱼师,又号金风亭长,秀水(今浙江嘉兴)人。明朝宰辅国祚曾孙。早年曾秘密参与抗清活动,事败出走,游幕四方,以布衣自尊。康熙十八年(1679 年)举博学鸿词科,授翰林院检讨。充《明史》纂修官。二十年充日讲官,知起居注,典江南乡试。二十二年(1683 年)入值南书房。二十三年以违例携仆入内廷抄书被劾谪官。二十九年(1690 年)复原职。三十一年再度被罢,遂赋归,著述以终。朱彝尊为著名作家兼学者。博学多闻,天资卓异。一生在诗、词、古文诸方面的创作以及理论上均有不少成就,并对后世有巨大影响。著有《经义考》三〇〇卷、《日下旧闻》四二卷、《明诗综》一〇〇卷、《词综》三六卷、《曝书亭集》八一卷(其中诗二二卷,词七卷)、《腾笑集》八卷、《曝书亭集外稿》八卷。生平事迹见《清史列传》卷七一《文苑传》二本传、《清史稿》卷四八四《文苑》一本传、陈廷敬《竹垞朱公墓志铭》《清诗纪事初编》《清诗纪事》第五册、杨谦《朱竹垞先生年谱》。

高 阳 台

吴江叶元礼[1],少日过流虹桥[2],有女子在楼上,见而慕之,竟至病死。气方绝,适元礼复过其门[3],女之母以女临终之言告之,元礼入哭,女目始瞑。友人为作传,予记以词。

【解题】

在清代,朱氏这首《高阳台》词,是一首广为传颂的名篇。沉重哀怨的

文笔,凄惋动人、催人泪下的爱情悲剧,奠定了本词在清代婉约词中的地位。词的上片极写女子的痴心、痴情;下片写男子得知实情后,极度的悲伤与怅惘失落的心态。全词艳而不浮,组练精工,所用典故也切合时地,从而更增添了词作感人的力量。

　　桥影流虹,湖光映雪,翠帘不卷春深。一寸横波[4],断肠人在楼阴[5]。游丝不系羊车住[6],倩何人[7]、传语青禽[8]？最难禁,倚遍雕阑,梦遍罗衾[9]。重来已是朝云散,怅明珠佩冷,紫玉烟沈[10]。前度桃花[11],依然开满江浔[12]。钟情怕到相思路,盼长堤、草尽红心[13]。动愁吟,碧落黄泉,两处谁寻[14]？

【注释】

[1]吴江:地名,今属江苏。叶元礼:叶舒崇(1640—1678)字符礼,号宗山,康熙十五年(1676年)进士,官中书舍人。为人英敏博雅,丰神潇洒。诗名与其叔叶燮并着。

[2]少日:指年轻时。流虹桥:桥名。在吴江县同里镇。

[3]适:正好;恰巧。

[4]一寸横波:比喻女子眼神流动,如水横流。一寸,或谓目广一寸,故有"秋波一寸"之说。

[5]断肠人:指极度伤心绝望之人。

[6]游丝:指飘动着的蛛丝。羊车:用晋卫玠典故。据《晋书·卫玠传》:卫玠风神秀异,"总角乘车入市,见者皆以为玉人"。后用以称美男子。

[7]倩:请。

[8]青禽:即青鸟。喻信使。

[9]罗衾:有丝织被面的被子。

[10]重来三句:言佳人已亡,有如朝云散、明珠冷、紫玉沉。朝云,比喻男女欢会。典出战国楚宋玉《〈高唐赋〉序》:楚襄王与宋玉游云梦之台,望高唐之观。其上有云气变化无穷。玉谓此气为朝云,先王曾游高唐,怠而昼寝,梦见一妇人,自称巫山女,愿侍王枕

席,王因幸之。巫山女临去云:"妾在巫山之阳,高丘之阻,旦为朝云,暮为行雨,朝朝暮暮,阳台之下。"明珠佩冷,典出汉刘向《列仙传》:"郑交甫至汉皋台下,见二女佩两珠,大如荆鸡卵,而女解与之。既行,反顾二女不见,佩珠亦失。"紫玉烟沈,典出晋干宝《搜神记》:吴王夫差小女名紫玉,年十八,悦童子韩重,欲嫁而为夫被阻,气结而死。后玉托梦于王,夫人闻出而抱之。玉如烟而没。后用以指多情少女。

[11]前度桃花:用唐人崔护诗"人面不知何处去,桃花依旧笑东风"句意,表伤悼之意。

[12]江浔:江边。

[13]草尽红心:典出《异闻录》:"王生梦侍吴王,闻葬西施,生应教为诗曰:满地红心草,三层碧玉阶。春风无处所,凄恨不胜怀。"谓生前未了之相思情缘,愿尽化为长堤上的红心草。

[14]碧落二句:用唐白居易《长恨歌》诗"上穷碧落下黄泉,两处茫茫皆不见"句意,言天上地下,均难以寻找情人的踪影。

桂 殿 秋

【题解】

这是一首写爱情的小令,叙写了抒情主人公与恋人虽同行江上,却"咫尺天涯"的心理感受。全词韵味缠绵,清疏空灵,含而不露。晚清词人、词论家况周颐评论说:"或问国朝词人,当以谁氏为冠?再三审度,举金风亭长对。问佳构奚若?举《捣练子》(按:即指这首《桂殿秋》)云云。"(《蕙风词话》卷五)谭献亦云:"单调小令,近世名家,复振五代、北宋之绪。"(《箧中词》二)即指朱彝尊等人的这类作品而言。

思往事,渡江干[1],青蛾低映越山看[2]。共眠一舸听秋雨[3],小簟

轻衾各自寒[4]。

【注释】

[1]江干:江边。

[2]青娥:古时妇女因用青黛画眉,故用以形容女子的眉黛。越山:春秋时越国在今浙江一带,故用越山泛指今浙江的山。看:按词谱本词牌只能押平声韵,因此"看"字须读阴平。

[3]舸:小船,音"葛"。

[4]簟:竹席,音"电"。轻衾:薄被,衾,音"亲"。

卖花声·雨花台 [1]

【题解】

这是一首悼古伤今之作。南京不仅是六朝古都,还是明太祖朱元璋和南明福王政权朱由崧的建都之所。全词通过对南京城今非昔比、衰败零落的描写,抒发了易代沧桑之感,寄托了"故国不堪回首"的情思。风格清空摇曳,低回掩抑。谭献评此词云:"声可裂竹"(《箧中词》二),是有见地的。

衰柳白门湾[2],潮打城还[3]。小长干接大长干[4]。歌板酒旗零落尽[5],剩有渔竿。秋草六朝寒,花雨空坛[6]。更无人处一凭栏。燕子斜阳来又去[7],如此江山。

【注释】

[1]雨花台:在今南京市中华门外,是一个高约100米、长约3000多米的山冈。据《江宁

府志》："雨花台在城南三里聚宝门外据冈阜最高处。梁云光法师讲经于此,凡讲经,天雨花如雪,故名其台。"

[2]白门湾:指南京城西门一带的长江边。白门,本指古建业(今南京市)城的西门。古代以"金木水火土"五行,记东西南北中五方。西方属金,金气白,故称白门。后遂以为金陵的别称。

[3]潮打城还:用唐刘禹锡《石头城》诗"山围故国周遭在,潮打空城寂寞回"句意。

[4]小长干、大长干:南京地名。江南一带称山垄间之地为干。

[5]歌板:打击乐器,即拍板。用以定歌曲的节拍。通常用檀木制作,又叫檀板。酒旗:即酒帘。酒店的标帜。亦代指酒家。

[6]秋草六朝二句:言六朝建都金陵时的繁华,早已成为历史的陈迹,如今只剩下在寒风中索索发抖的秋草,和一座空空的雨花台了。六朝,指三国吴、东晋、南朝宋、齐、梁、陈六个古代王朝。它们曾先后在金陵建都,然后又因绝大多数统治者荒淫、无能,而很快灭亡。

[7]燕子句:言人事剧变而景物依然。暗用唐刘禹锡《乌衣巷》诗"旧时王谢堂前燕,飞入寻常百姓家"句意。

王士禛

王士禛(1634—1711)，字子真，又字贻上，号阮亭，晚号渔阳山人。殁后避清世宗(雍正)讳，改名为士正，高宗(乾隆)命改书士禛。新城(今山东桓台)人。顺治十五年(1658年)进士，翌年出任扬州府推官。康熙三年(1664年)入为礼部主事。十五年(1676年)由户部郎中改任翰林院侍讲，入值南书房。后官至刑部尚书。康熙四十三年(1704年)罢官归里。著有《阮亭诗钞》《带经堂全集》《渔洋山人精华录》以及《渔洋诗话》《池北偶谈》《居易录》《香祖笔记》等。

浣溪沙二首

红桥同箨庵[1]、茶村、伯玑、其年、秋厓赋之一[2]

【解题】

扬州是江南有名的文化名城。康熙元年(1662年)六月十五日，作者和友人泛舟载酒，游于红桥，写下了这两首词。第一首词上片写红桥的美景，"绿杨城郭是扬州"一句，最为世人称道，成为古城扬州的符号标志。下片发思古之幽情，化用唐杜牧《扬州》诗"炀帝雷塘土，迷藏有旧楼"句意，淡淡着墨，点到即止。第二首上片写近景中的红桥，下片写远景中的红桥，怀古之情寓于景物之中。谭献云："第一首名贵，第二首风人之旨"(《箧中词》一)。陈廷焯云："字字骚雅。渔洋小令之工，直逼五代北宋。绿杨七字，江淮间取作画图"(《词则·大雅集》卷五)。清末龙榆生云："士禛诗主神韵，尤工绝句。以余力填词,特长小令,盖与绝句同一机杼也"(《近三百年名家词选》作者小传)。

其 一

北郭青溪一带流,红桥风物眼中秋[3]。绿杨城郭是扬州[4]。西望雷塘何处是[5]?香魂零落使人愁[6]。澹烟芳草旧迷楼[7]。

其 二

白鸟朱荷引画桡[8],垂杨影里见红桥。欲寻往事已魂销。遥接平山山外路[9],断鸿无数水迢迢[10]。新愁分付广陵潮[11]。

【注释】

[1]红桥:吴绮《扬州鼓吹词序》云:"红桥在城西北二里……朱栏数丈,远通两岸,而荷香柳色,雕栏曲槛,绵亘十余里。春夏之交,繁弦急管,金勒画船,掩映出没于其间,诚一郡之丽观也。"箨庵:袁于令号,箨,音"拓"。江南吴县(今属江苏)人,诸生。有《剑啸阁传奇》五种。

[2]茶村:杜濬号,湖广黄冈(今湖北黄州)人。明末副榜贡生。入清不仕。有《变雅堂集》。伯玑:陈允衡字,江西南昌人。以诗文名。有《国雅词》等。其年:陈维崧字。有《湖海楼全集》。秋厓:朱克生号,江南宝应(今属江苏)人。有《秋厓诗集》。

[3]风物:风光,景物。

[4]绿杨城郭:隋炀帝开凿大运河抵江都(按:即扬州),沿岸皆植柳。后世代沿袭,杨柳便成了扬州城的标志。

[5]雷塘:又名雷陂。在扬州城西北。唐武德五年(622年),改葬隋炀帝于雷陂南平冈上。唐杜牧《扬州》诗有"炀帝雷塘土,迷藏有旧楼"的诗句。

[6]香魂句:扬州西部的玉钩斜,为隋炀帝葬宫女处,故有"香魂"云云。

163

中国历代词、曲精品秀

[7]迷楼:隋炀帝在扬州起造的行宫,故址在扬州西北。据《大业拾遗记》:"迷楼经岁而成,幽房曲室,玉栏珠槛,互相连属。炀帝喜曰:'使真仙游其中,亦当自迷也。'"故名。

[8]白鸟:白羽之鸟,即白鹇。画桡:谓画有花纹的船。桡:本指船桨,这里代船。

[9]平山:即平山堂。宋欧阳修为太守时所建,在扬州西北郊的蜀岗。因凭堂眺望与扬州诸山平,遂命之为"平山堂",亦为扬州名胜。

[10]断鸿:失群的孤雁。

[11]广陵潮:广陵,地名,即今扬州。隋因避炀帝杨广讳,改称江都。《古长干曲》:"姜家扬子住,便弄广陵潮。"

纳兰性德

纳兰性德(1655—1685),原名成德,以避太子讳而改性德,字容若,号楞伽山人,满洲正黄旗人。大学士明珠长子。康熙十二年(1673年)举人,十五年(1676年)进士,官至一等侍卫。自幼习骑射,稍长工文翰,尤喜为词,自唐、五代以来诸名家词,皆有选本。好观北宋之作,不喜南宋诸家,而"清新秀隽,自然超逸"(徐乾学语)。与严绳孙、顾贞观、陈维崧友善,时相唱和。性德轻功名权势,书史外无他嗜好。年未三十,即有"海鸥无事,闲飞闲宿"的出世之想,其词常多写哀愁之思。顾贞观曰:"容若天资超逸,翛然尘外。所为乐府小令,婉丽凄清,使读者哀乐不知所主"(《通志堂词序》)。陈维崧谓其词"哀感顽艳,得南唐二主(李璟、李煜)之遗"(见冯金伯《词苑萃编》卷八)。著有《通志堂诗集》五卷、《渌水亭杂识》四卷;《侧帽词》《饮水词》共五卷,总称《纳兰词》。生平事迹见《清史稿》卷四八四、《清史列传》卷七一《文苑传》。

如 梦 令

【解题】

康熙二十年(1681年)十月,清廷平定了"三藩之乱"。次年三月,康熙帝到满族的发祥地辽东一带去巡视,并祭祀长白山。作者身为侍卫,随从扈驾,于途中写下了这首词。词中狂欢畅饮而至于"人醉"的场面,与归梦难成、愁绪难遣的无奈,均表现得深刻而传神。

万帐穹庐人醉[1]，星影摇摇欲坠。归梦隔狼河[2]，又被河声搅碎。还睡，还睡。解到醒来无味[3]。

【注释】

[1]穹庐:古代游牧民族平时或行军打仗时居住的毡帐。

[2]狼河:即白狼河,现名大凌河,在辽宁省境内。

[3]解道:懂得,知道。

长 相 思

【题解】

这首词同《如梦令》(万帐穹庐人醉)同作于扈从康熙帝赴辽东巡视期间。上片写跋山涉水,向山海关进发的情景,以及"夜深千帐灯"的雄伟壮观。下片写思乡之苦,把乡梦难成归咎于风雪。这种"将主观因素推诿于客观"的手法,"语似平淡,意更深沉"(严迪昌语)。王国维云:"'明月照积雪'、'中天悬明月'、'长河落日圆',此中境界,可谓千古壮观,求之于词,唯纳兰性德塞上之作,如《长相思》之'夜深千帐灯'、《如梦令》之'万帐穹庐人醉,星影摇摇欲坠'差近之"(《人间词话》)。

山一程,水一程,身向榆关那畔行[1]。夜深千帐灯。风一更,雪一更,聒碎乡心梦不成[2]。故园无此声[3]。

【注释】

[1]榆关:指山海关。在今河北省秦皇岛市,是由河北去往东北的重要关口。那畔:犹

言那边。

[2]聒碎乡心句:谓风雪发出的巨大声响,把思乡的心绪全搅碎了。聒,音"过"。

[3]故园:此谓故乡。

浣 溪 沙

【题解】

　　这亦是一首悼亡词。上片写亡妻早逝后,自己孤独凄凉的景况。下片通过"被酒"、"赌书"等寻常往事的回忆,追忆了当年夫妻间恩爱的生活。缠绵悱恻,凄婉哀怨。

　　谁念西风独自凉,萧萧黄叶闭疏窗[1]。沈思往事立残阳。被酒莫惊春睡重[2],赌书消得泼茶香[3]。当时只道是寻常。

【注释】

[1]萧萧:风吹叶落发出的声响。

[2]被酒:醉酒。

[3]赌书句:用宋代女词人李清照、赵明诚夫妻生活的往事,来比喻自己和亡妻当年和谐恩爱的夫妻生活。李清照《金石录后序》:"余性偶强记,每饭罢,坐'归来堂'烹茶。指堆积史书,言其事在某书某卷第几页第几行,以中否角胜负,为饮茶先后。中,即举杯大笑,至茶覆杯中,反不得饮而起。"

郑 燮

郑燮(1693—1765),字克柔,行一,常自称郑大、郑大郎,号板桥居士,板桥道人,晚年自署板桥老人,江苏兴化人。少颖悟,随其父学。不好研经,爱读史书及诗文词。个性落拓不羁,喜与释道游。仰慕明人徐文长之为人,常放言高谈,臧否人物,因达狂名。乾隆元年(1736年)进士,任山东范、潍两县知县先后共十一年,有政声。因违忤上官,于乾隆十八年(1753年)被罢官。归里后,来往于扬州、兴化间,与人诗酒唱和,以鬻书画为生。善诗,工书画,且能熔于一炉,时称"郑虔三绝"。"三绝之中,又有三真:曰真气,曰真意,曰真趣"(马宗霍《书林藻鉴·松轩随笔》)。画以兰、竹、石最为精妙,以草书中竖长撇法作兰叶。少擅楷书,晚杂篆隶,间以画法,自谓"六分半书"。与李鱓、金农、汪士慎等合称"扬州八怪"。治印也颇著名,与丁敬、黄易等并称"七家"。"八怪"、"七家"中,板桥文学成就最高,诗、词、道情、书札皆有独特风格。着有《板桥诗钞》二卷、《板桥词钞》一卷、《板桥道情》一卷、《道情》一卷、《板桥题画》一卷、《板桥家书》一卷,除二卷《道情》,诗文汇刻于《板桥集》。

浪淘沙·平沙落雁

【解题】

这是一首题画咏物词。词作寄情于雁,以含蓄的笔触表现了清中叶知识分子的某种心态。全词含蓄中见锋锐,雅正中含辛辣,言近旨远而耐人寻味。

秋水漾平沙[1]，天末澄霞[2]。雁行栖定又喧哗。怕见洲边灯火焰，怕近芦花。是处网罗赊[3]，何苦天涯？劝伊早早北还家。江上风光留不得，请问飞鸦。

【注释】

[1]漾：水摇动貌。

[2]天末：指极远的天边。澄霞：明净的晚霞。

[3]是处：到处；处处。赊：多。

龚自珍

龚自珍(1792—1841)初名自暹,小字阿珍;更名自珍,字璱人,亦作率人,别字爱吾、尔玉,号定庵,一号定公,别号羽琌山民;更名巩祚;又曾更名易简,字伯定;学佛名邬波索迦,号怀归子。浙江仁和(今杭州)人。初依母口授诗文,别好吴伟业、方舟、宋大樽三家。渊源家学,八岁即涉经史,十二岁从外祖父段玉裁受《说文》,始以经说字,以字说经,并辑科名掌故,考古今官制,为金石、目录、校雠诸学。十三岁能文、赋,十五岁为诗编年始,十九岁倚声填词。才华绝异,年方冠,所业诗文已有不可一世之概。嘉庆二十三年(1818 年)中举。会试不售,留京。旋考授内阁中书。道光九年(1829 年)始中殿试,殿试以楷法不中程不列优等,仍归内阁中书原班。历数年,迁宗人府主事,改礼部主事。十八年,林则徐赴粤禁烟前,致书请林严备重兵,以除烟患而御外敌。终以动触时忌,于十九年(1839 年)辞官南归。二十一年(1841 年),主讲丹阳云阳书院讲席,未几暴卒。

龚自珍生前刻有《定庵文集》三卷、附《少作》一卷,《定庵别集》四卷,《己亥杂诗》一卷。曾编定文《定庵余集》三卷,《定庵诗集》三卷、《梦草》一卷、《诗余集》三卷、《少作诗》一卷,后又勒为诗二十七卷,均未刻。后人辑录续补其遗著版本甚多。

鹊踏枝·过人家废园作

【解题】

作为思想家,龚自珍历来主张"不拘一格降人材"。但现实却是残酷的,才士往往不为所用。这首词正表现了时代、社会和才士之间的矛盾。"藤刺牵衣"的重重阻力,"花开不合阳春暮"的深深感叹,都是当时社会黑暗、腐败,才士感到前途无望的形象写照。

漠漠春芜春不住[1],藤刺牵衣,碍却行人路[2]。偏是无情偏解舞,蒙蒙扑面皆飞絮[3]。绣院深沉谁是主[4]?一朵孤花,墙角明如许[5]!莫怨无人来折取,花开不合阳春暮[6]。

【注释】

[1]漠漠:密布貌;布列貌。春芜:春草碧绿貌。

[2]碍却:妨碍。

[3]蒙蒙:纷杂貌。

[4]绣院:指种有花木的庭院。唐薛稷有"花楼黄山绣作苑"的诗句。

[5]明:明艳;鲜艳。

[6]不合:不该。阳春:春天;温暖的春天。

浪淘沙·书愿

【题解】

这是一首直书心愿的词作。表现了作者渴望离开官场,隐遁五湖,过普通人生活的愿望。全词既有"云外起高楼"的气势,缥缈清幽的仙境;也有"笛声叫破五湖"的潇洒,以及家居生活的雅澹温柔。上片的豪放与下片的婉约,竟能结合得如此和谐,诚为大家手笔。

云外起朱楼,缥缈清幽。笛声叫破五湖秋[1]。整我图书三万轴,同上兰舟[2]。镜槛与香篝[3],雅澹温柔[4]。替侬好好上帘钩。湖水湖风凉不管,看汝梳头。

【注释】

[1]五湖:春秋末越国大夫范蠡,辅佐越王勾践,卧薪尝胆,终灭吴国。范蠡知越王可以共患难,不可共富贵,遂功成身退,乘轻舟以隐于五湖。事见《国语·越语下》。后因以"五湖"指隐遁之所。

[2]兰舟:船的美称。

[3]镜槛:镜台。香篝:熏笼。

[4]雅澹:高雅恬静。

元

关汉卿

关汉卿(1225？—1300？)，号已斋叟(一说名一斋)，大都(今北京)人。元末锺嗣成的《录鬼簿》说他曾任太医院尹(或认为当是太医院户)。关汉卿是当时戏曲界的领袖，所作杂剧60多种，现存18种(个别作品是否关作，尚有争议)。这18种作品主要分为三类，一类是公案戏，主要有《窦娥冤》《鲁斋郎》《蝴蝶梦》等。一类是以爱情婚姻为题材的戏，主要有《望江亭》《救风尘》等。历史戏则以《单刀会》和《西蜀梦》为代表。这些作品深刻反映了当时的社会矛盾，集中反映了受压迫者的生活遭遇和生活理想，热情赞美了他们的美好品格。人物形象鲜明，情节生动而富于戏剧性，语言本色。见人民文学出版社王季思主编《全元戏曲》第一卷。关汉卿还是当时重要的散曲作家，所作散曲76首(其中少数篇目是否关氏所作，尚难断论)，包括小令62首，套数14套;此外尚有残曲2首。其散曲或写闺怨爱情，或抒写自我情性，时而风流倜傥，时而慷慨悲歌;风格多种多样，语言通俗生动，将伟词丽语与通俗口语融于一炉，形成其特有的个性之美。

南吕·一枝花^[1]

汉卿不伏老^[2]

【解题】

这是关汉卿散曲中的名篇。全曲以自叙的方式,详细地描述了自己的艳冶生活和倔强性格,故而对了解关氏的生平、思想具有重要的参考价值。关氏公然宣称自己是"蒸不烂煮不熟捶不匾炒不爆响珰珰一粒铜豌豆","是个普天下郎君领袖,盖世界浪子班头",除非是"三魂归地府,七魄丧冥幽",才不向烟花路上走。这种倔强不屈的性格,实质上是对当时元蒙统治下的黑暗社会的反叛。全曲的最大特色在于个性化的描写,无论是主人公形象的塑造,或是语言的运用,抑或是要说便说透说尽的豪辣的艺术风格,均具有关汉卿特有的风格,是一篇现实主义与浪漫主义相结合的杰作。

攀出墙朵朵花,折临路枝枝柳^[3]。花攀红蕊嫩^[4],柳折翠条柔^[5]。浪子风流。凭着我折柳攀花手,直煞得花残柳败休^[6]。半生来弄柳拈花,一世里眠花卧柳。

【梁州】我是个普天下郎君领袖^[7],盖世界浪子班头。愿朱颜不改常依旧,花中消遣,酒内忘忧;分茶攧竹^[8],打马藏阄^[9],通五音六律滑熟^[10],甚闲愁到我心头。伴的是银筝女银台前理银筝笑倚银屏,伴的是玉天仙携玉手并玉肩同登玉楼,伴的是金钗客歌《金缕》捧金樽满泛金瓯^[11]。你道我老也,暂休。占排场风月功名首,更玲珑又剔透^[12]。我是个锦阵花营都帅头[13]，曾玩府游州。

【隔尾】子第每是个茅草岗沙土窝初生的兔羔儿乍向围场上走[14]，我是个经笼罩受索网苍翎毛老野鸡蹅踏的阵马儿熟[15]。经了些窝弓冷箭蜡枪头[16]，不曾落人后。恰不道"人到中年万事休"[17]，我怎肯虚度了春秋。

【尾】我是个蒸不烂煮不熟捶不匾炒不爆响珰珰一粒铜豌豆[18]，恁子弟每谁教你钻入他锄不断斫不下解不开顿不脱慢腾腾千层锦套头[19]。我玩的是梁园月[20]。饮的是东京酒，赏的是洛阳花[21]，攀的是章台柳[22]。我也会围棋，会蹴踘，会打围，会插科，会歌舞，会吹弹，会咽作，会吟诗，会双陆[23]。你便是落了我牙，歪了我嘴，瘸了我腿，折了我手，天赐与我这几般儿歹症候，尚兀自不肯休[24]。则除是阎王亲自唤[25]，神鬼自来勾，三魂归地府，七魄丧冥幽[26]，天哪，那其间才不向烟花路儿上走[27]！

【注释】

[1]南吕·一枝花:套数名。套数是由同一宫调的若干曲子联缀而成的组曲,所有的曲子均应表达同一主题,押同样的韵。套数的标题,按惯例均是标出所用宫调及首曲曲调名。此处"南吕"是宫调名,"一枝花"是首曲曲牌名。

[2]汉卿不伏老:为本套数的题目。作者以此为题,当是表明其刚硬倔强、傲岸不羁的性格。

[3]攀出二句:喻指狎妓。出墙花,叶绍翁《游园不值》:"春色满园关不住,一枝红杏出墙来。"后人多以出墙花比喻妓女,临路柳,亦喻妓女。

[4]红蕊嫩:用以比喻妓女年轻貌美。

[5]翠条柔:用以比喻妓女苗条轻柔。

[6]直煞得:一直弄到。

[7]郎君:指花花公子,下句的"浪子"义同。此两句为互文,均指浪荡子弟中的头面人物。

[8]分茶:宋元时流行的茶道之一。如陆游《临安春雨初霁》:"矮纸斜行闲作草,晴窗细乳戏分茶。"擷竹:一种博戏,擷动竹筒使筒中某支竹签先出,看签上的标志决胜负。擷,音"颠"。

[9]打马藏阄:均为宋代流行的博戏。打马:指投掷骰子打马牌以决胜负。藏阄:又名藏钩,猜测别人手中藏物,以是否猜中定输赢。

[10]五音六律:泛指音乐。五音,即宫、商、角、徵(音"止")、羽五个音阶;六律,即十二律中的阳声律:黄锺、太簇、姑洗、蕤宾、夷则、无射。

[11]伴的是三句:均指在勾栏妓院中的风流韵事。银筝女、玉天仙、金钗客,均是对妓女的谀称。

[12]你道四句:意为你说我老了该退出风月场了,岂不知道在风月场中能当主角的,当是玲珑剔透的人物吗?

[13]锦阵花营:指娼优聚集的场所。都帅头,总头目。此句是关氏针对上一假设句的反驳。

[14]【隔尾】一曲均为关氏对上一曲中假设之句的反驳。子弟每,即指上曲责难关氏的年轻风流的嫖客,"每",同现代汉语的"们"。"兔羔儿",兔崽子,《北曲广正谱》作"嫩雏儿",义同。围场,猎场,指代妓院。

[15]我是句:与上句相对,以经受多次危险富有对付猎人经验的老野鸡自喻,说明"我"与那些初出茅庐的"子弟每"截然不同,乃是风月场中的老手。踏踏:奔走行踏踏,音"叉"的上声。阵马儿熟:对猎人们的围猎十分熟悉,含有对世态人情十分熟悉之意。

[16]此句指"我"曾经受过种种打击、磨难。窝弓,猎人埋藏在草木丛中的弓箭,倘触动其机关,箭即射出。冷箭,乘人不备而施放的箭。

[17]恰不道:却不说,偏不说。

[18]铜豌豆:宋时妓院中昵称老嫖客为"铜豌豆"。此乃一语双关,作者既说自己是老嫖客,更以之比喻自己性格坚强,经得住任何打击折磨。此句按曲格正体当为"我是一粒铜豌豆",作者在"铜豌豆"之前加了若干修饰语,正是为了突出自己的坚强不屈。

[19]恁子弟每句:与上句相对,意为你们这些年轻人却轻易地落入别人的圈套。锦套头:外是华美的锦缎而内藏奸险的圈套。

[20]梁园:也作"梁苑"、"兔园"。汉代梁孝王在大梁(今河南开封市)所建,司马相如、

枚乘等著名赋家曾被延居其中，故名耸天下。这里是"名园"之意，泛指有名的游乐场所。

[21] 东京：即开封，北宋国都。东京酒，指美酒。洛阳花，洛阳自唐宋以来便以产花而名扬天下，素有洛阳牡丹甲天下之美誉。此指名妓。

[22] 章台柳：指代妓女。章台，汉代长安街名，为妓女聚居之地。唐传奇《柳氏传》载：书生韩翃在章台与妓女柳氏相爱，后韩离开长安，等他返回之时，柳氏已不知去向。韩翃惆怅不已，遂写下一首诗怀念她。诗云："章台柳，章台柳，昔日青青今在否？纵使长条似旧垂，亦应攀折他人手。"

[23] 我也会九句：作者夸耀自己多才多艺。蹴鞠，又作"蹋鞠"、"蹵鞠"、"蹴鞠"等，我国古代的一种踢球游戏。打围，打猎。插科，滑稽诙谐的表演。咽作，唱曲。双陆，一种棋类博戏。

[24] 尚兀自：尚自，还是，即依然故我之意。

[25] 则：只。

[26] 三魂七魄：道家对魂魄的总称，道家认为人的魂有三，魄有七。见《云笈七签》卷五四。

[27] 烟花路儿：指勾栏妓院。

双调·沉醉东风（五首选一）

【解题】

这是一支以女子的口气写就的小令。离别在即，痛苦难舍，全曲将眼前景、心中情融为一体，且运用自然生动的白描手法，描摹出这位女子"手执着饯行杯"的举动、"眼阁着别离泪"的神态，以及她强颜欢笑而吐出的送别祝愿之语："保重将息"、"好去者，望前程万里"，将女主人公真挚痛苦的复杂感情，刻划得十分深刻感人。小令言浅而意深，情真而不俗，是一篇描

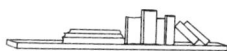

写离愁别恨的佳作。

　　咫尺的天南地北,霎时间月缺花飞。手执着饯行杯,眼阁着别离泪。刚道得声"保重将息"[1],痛煞煞教人舍不得[2]。好去者[3],望前程万里!

【注释】

[1]将息:将养、保养。

[2]痛煞煞:伤感万分、极度难过。

[3]好去者:好好地去吧。即今祝远行人一路平安之意。

王和卿

王和卿,生卒年不详,与关汉卿同时而早逝。大名(在今河北)人,一说太原(今属山西)人。元锺嗣成《录鬼簿》将其列为"前辈已死名公,有乐府行于世者",并称其为"王和卿学士"。《全元散曲》录存其小令21首,套数1篇。其散曲语言活泼诙谐,想象新奇大胆,多为滑稽戏谑、玩世不恭之作。

仙吕·醉中天

咏大蝴蝶[1]

【解题】

这首小令想象奇幻,作者采用极度夸张的手法,描写这只蝴蝶的庞大、凶猛,实则喻指那些倚仗权势抢掠玩弄女性的花花太岁、浪荡公子,作者的愤世嫉俗之情亦溢于言表。

蝉破庄周梦[2],两翅驾东风。三百座名园一采一个空[3]。难道风流种[4],諕杀寻芳的蜜蜂。轻轻的飞动,把卖花人搧过桥东。

【注释】

[1]咏大蝴蝶:元人陶宗仪《辍耕录》中记载:大名王和卿,滑稽佻达,传播四方。中统初,燕市有一蝴蝶,其大异常。王赋《醉中天》小令,由是其名益重。其后《太平乐府》《方诸馆曲律》《北宫词纪》等书均有关于这支小令的记述,可见此小令当时即流传甚

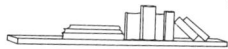

广,影响颇大。

[2]蝉破:即像蝉一般脱壳而出。此句典出《庄子·齐物论》:"昔者庄周梦为蝴蝶,栩栩然蝴蝶也。自喻适志与,不知周也。俄然觉,则蘧蘧然周也。不知周之梦为蝴蝶与,蝴蝶之梦为周与?"此句借此渲染此蝴蝶的来历不凡。

[3]三百句:三百,极言其多。座,一作"处"。古人常将那些寻花问柳追逐女性的浮浪男人喻为花蝴蝶。此句当是元代社会中那些权豪势要、花花太岁横行市井、肆无忌惮地抢掠蹂躏妇女的生动写照。

[4]难道:难以描述。风流种,本指风流潇洒、才华出众的人物,此指专事寻花问柳、追逐女色的浮浪公子、花花太岁。

白 朴

白朴(1226—1310?),字仁甫,一字太素,号兰谷。原籍隩州(今山西河曲),后移居真定(今河北正定)。其父白华,为金朝著名文士。金哀宗天兴二年(1233年),蒙古军大举攻金,攻陷开封,其母被虏,其父又适远出,幸得通家父执、著名文学家元好问携其北渡黄河,流寓山东。在元好问的指导下,白朴学问日进。金亡后,白朴虽经举荐,但一直不肯为官。元灭南宋后,白朴徙家金陵(今江苏南京),常从诸遗老放情于山水之间,日以诗酒为乐。暮年北返。其杂剧成就甚高,与关汉卿、马致远、郑光祖并称为元曲四大家。所作杂剧16种,今存《梧桐雨》《墙头马上》二种,另有《东墙记》,是否白作,尚不能确定。亦工词,有词集《天籁集》。清初杨友敬掇拾其散曲附于词集后,名为"摭遗"。现存小令37首,套数4篇。其散曲清丽俊美,大致可分为叹世、写景和咏唱男女恋情三类。叹世之作常以放旷超脱的态度来表现愤世嫉俗之情,写景之作则清新俊美,咏唱男女恋情的作品多有细腻婉约之佳作。

越调·天净沙

【解题】

白朴以【越调·天净沙】曲律分咏四季风景,曲全用白描手法,摹写景物,语言精炼清丽,可谓诗中有画,画中有诗;景中有情,情中有景,均为白朴写景曲子中的成功之作。

秋

【解题】

作者用一组意象鲜明的景物,构成了一幅秀丽、宁静、纯洁的山水图画,描绘出了秋天特有的神韵和生气。

孤村落日残霞,轻烟老树寒鸦,一点飞鸿影下。青山绿水,白草红叶黄花[1]。

【注释】

[1]白草:指秋日野草经霜后变干变白。

冬

【解题】

寥寥数语,一连描绘出十三种景物,凄清、冷寂,读者亦不由得沉浸在这悲凉的艺术氛围之中。

一声画角谯门[1],半庭新月黄昏,雪里山前水滨。竹篱茅舍,淡烟衰草孤村。

【注释】

[1]画角:角,古时军中乐器,军中以吹角来表示昏晓。画角,饰有文采的角。谯门:谯楼的门。谯楼,旧时城门上的瞭望楼。谯,音"桥"。

马致远

马致远,生卒年不详,略晚于关汉卿、白朴。号东篱,大都人,《录鬼簿》说他做过江浙省务提举。晚年淡泊名利。贾仲明《凌波仙》吊词称赞他:"战文场,曲状元,姓名香,贯满梨园。"所作杂剧15种,现存杂剧有《汉宫秋》《青衫泪》《陈抟高卧》《岳阳楼》和《黄粱梦》(与人合作)等7种,以神仙道化剧居多,成就最高的是《汉宫秋》。语言质朴自然而又极富表现力,是马致远剧本最大的特点。马致远又是元代最负盛名的散曲家之一。近人任讷辑其散曲为《东篱乐府》1卷,有小令104首,套数17套。内容以"叹世"居多,其作品或抒写怀才不遇,或歌颂隐逸生活,或描写自然景物,或咏唱男女恋情。兼有豪放、清逸之美,善于锤炼字句,声韵和谐,故特为后世文人所推重。

双调·夜行船

【解题】

这个套数是马致远散曲中的名篇之一,周德清《中原音韵》评价说"万中无一"。此套数最能表现其思想倾向和艺术风格。全套由多支曲子组成,本书选注其中两曲。前一曲感叹人生如梦,光阴易逝,鼓吹及时行乐。于作者伤感颓靡的情调中,亦可窥见其对元蒙黑暗统治的不满。尾曲以现实与理想作对比,既揭露抨击了争名夺利的丑恶社会现象,又歌颂赞美了理想中的隐逸生活,形象生动,对比鲜明。此曲卒章显志,再次点题,总结全篇。

百岁光阴一梦蝶[1],重回首往事堪嗟。今日春来,明朝花谢。急罚盏夜阑灯灭[2]。

【离亭宴煞】蛩吟罢一觉才宁贴[3],鸡鸣时万事无休歇,何年是彻!看密匝匝蚁排兵,乱纷纷蜂酿蜜,急攘攘蝇争血[4]。裴公绿野堂[5],陶令白莲社[6]。爱秋来时那些:和露摘黄花,带霜分紫蟹,煮酒烧红叶。想人生有限杯,浑几个重阳节[7]?人问我顽童记者[8]:便北海探吾来,道东篱醉了也[9]。

【注释】

[1]百岁句:意谓人生短暂,即便长命百岁,也不过犹如庄周梦蝶,乃是一场大梦而已。这里借此典故比喻人生如梦。

[2]急罚盏句:意为赶紧喝酒,及时行乐,一直喝到深更半夜,油干灯灭。罚盏,古时宴会上行酒令,输者喝酒。

[3]蛩吟句:意为争名夺利者每天紧张忙碌,直到深夜蟋蟀叫声停了才得以休息。蛩:蟋蟀,音"穷"。宁贴:安稳、安适。

[4]看密匝匝三句:三句构成鼎足对,以博喻手法描绘和抨击世人争名夺利紧张忙乱的丑态。

[5]裴公句:意为要像裴公那样不问世事,过隐居生活。裴公,指唐代裴度,唐宪宗时累官至中书侍郎同平章事,屡建大功,被封为晋国公。后因宦官专权,遂退出官场,不问世事,在洛阳建别墅"绿野草堂"隐居。

[6]陶令句:意为要像陶潜那样退出官场以诗酒自娱过隐居生活。陶令,即东晋陶潜,曾为彭泽县令,不为五斗米折腰而退隐。白莲社,东晋僧人慧远在庐山东林寺发起的一个宗教社团,曾邀陶潜参加;但陶潜是否参加,未确。

[7]想人生二句:意为人生短暂,当及时行乐。浑几个:总共有几个。浑,全、满、整个。

[8]记者:记住、记着。者,语尾助词。

[9]便北海二句:意为不管是谁,即便是孔融那样热情好客的人前来拜访,都说我醉了不能出见。表现了诗人蔑视功名富贵、狂放不羁的性格。便,即便,即使。北海,指东汉

末北海太守孔融。孔融好客,常常邀约诗朋酒友宴饮,他曾说:"座上客常满,杯中酒不空,平生愿足。"

越调·天净沙

秋　思

【解题】

这是马致远小令中最为著名的一首。元人周德清《中原音韵》誉为"秋思之祖"。王国维在《人间词话》中评价说:"寥寥数语,深得唐人绝句妙境。"此小令前三句为一组鼎足对,九个实词并列,把秋天傍晚山野间特有的九种景物集中在一起,使之犹如一个个特写镜头一般不断扑入读者眼帘,从而渲染出一派凄凉萧瑟的晚秋氛围;而后再以"夕阳西下,断肠人在天涯"二句,既为前三句染上浓重的底色,又推出主人公,从而点明题旨。小令语言极为精炼形象,意境鲜明和谐,且留给读者以丰富的联想,可谓言有尽而意无穷,确是一篇描写羁旅之愁的佳作。

枯藤老树昏鸦[1],小桥流水人家,古道西风瘦马。夕阳西下,断肠人在天涯[2]。

【注释】

[1]昏鸦:黄昏归巢的乌鸦。

[2]断肠人:指飘泊天涯、极度哀伤的旅人。

卢 挚

卢挚(1243？—1315？)，字处道，一字莘老，号疏斋，又号嵩翁，涿郡(今河北涿州)人，或说河南颍川人，涿郡乃其族望。世祖中统末年出仕。累迁少中大夫、河南路总管、官至翰林学士承旨。能诗文、工词曲。世称文与姚燧齐名，诗与刘因齐名。存世小令120余首，其内容或怀古抒慨，或唱和酬酢，或歌咏山水。风格自然清新。元代散曲家贯云石评说其曲"媚妩如仙女寻春，自然笑傲"。有《卢疏斋集》《疏斋后集》，现已不传。

双调·沉醉东风

闲 居

【解题】

这是一组三首同题小令，均为田园题材，抒写诗人闲居农村时的生活情趣和思想倾向，亦可看出诗人因长期的仕宦生涯，对官场的倾轧不无厌倦，遂对朴实自在的田园生活产生向往之情。几首曲子均以口语出之，读来十分亲切自然。

雨过分畦种瓜，旱时引水浇麻。共几个田舍翁，说几句庄稼话。瓦盆边浊酒生涯[1]。醉里乾坤大，任他高柳清风睡煞[2]。

恰离了绿水青山那答[3]，早来到竹篱茅舍人家。野花路畔开，村酒槽头榨，直吃的欠欠答答[4]。醉了山童不劝咱，白发上黄花乱插。

学邵平坡前种瓜,学渊明篱下栽花[5],旋凿开菡萏池[6],高竖起荼蘼架[7]。闷来时石鼎烹茶。无是无非快活煞[8],锁住了心猿意马[9]。

【注释】

[1]瓦盆句:意为和农夫樵夫们一起喝家酿的土酒,畅谈农家生活。

[2]睡煞:睡个够。

[3]那答:那一块,那地方。

[4]欠欠答答:指酒醉后忘情失态而又迷迷糊糊的样子。

[5]学邵平二句:意为要学邵平、陶渊明那样,隐居赋闲,过田园生活。邵平种瓜,据《史记》载:邵平,故秦东陵侯,秦破,为布衣,贫,种瓜于长安城东,瓜美,故世俗谓之"东陵瓜",后人以邵平(召平)种瓜比喻隐士生涯。渊明栽花,化用陶渊明《饮酒》诗"采菊东篱下,悠然见南山"语意。

[6]菡萏:荷花。菡,音"汉"。萏,音"旦"。

[7]荼蘼:也作酴醾。落叶小灌木,攀缘茎,花白色,有香气,可供观赏。荼,音"涂"。蘼,音"迷"。

[8]快活煞:快活到了极点。

[9]锁住句:意为压下了种种世俗欲望。心猿意马,本为道家语,比喻人的心思流荡散乱,把捉不住;此指不甘寂寞,对功名富贵的种种欲望。

187

姚 燧

　　姚燧(1238—1313),字端甫,号牧庵,洛阳(今属河南)人。三岁而孤,由伯父姚枢抚养成人。官至翰林学士承旨、知制诰兼修国史。姚燧能文善曲,与卢挚齐名,时称"姚卢"。有《牧庵集》,存世散曲有小令29首,套数1篇。其曲或清新豪放,或缠绵婉丽,是元代士大夫中散曲创作成就较高的作家。

越调·凭阑人

寄征衣

【解题】

　　此小令虽仅有四句,却是元散曲中的名篇之一。作者非常高明地抓住这位思妇寄不寄征衣的思想矛盾,刻划出思妇思念征夫、体贴征夫的复杂而细腻的心理,一位具有美丽灵魂的温柔女性的形象便栩栩如生地展现在读者眼前。

　　欲寄君衣君不还,不寄君衣君又寒。寄与不寄间,妾身千万难。

张可久

张可久(1280？—1348以后)，字小山，一作名伯远，字可久，号小山，庆元(今浙江宁波)人。以路吏转升首领官，掌省署文牍，仕途上不得志。足迹曾及南国，晚年寓居杭州。毕生专作散曲，尤致力于小令，有《苏堤渔唱》《小山乐府》等散曲集。今存小令855首，套曲9篇，数量居元散曲家之首。其散曲多为写景言情，感怀不遇，亦有怀古及不满现实之作。艺术上，善于吸收诗词表现手法入曲，词藻华美，声韵和谐，风格清丽典雅，诚如明人朱权《太和正音谱》所评："清而且丽，华而不艳。"对后世散曲创作影响很大。

黄钟·人月圆

山中书事

【解题】

本篇题为"山中书事"，实际上是抒发诗人的怀古情思。诗人由"兴亡千古繁华梦"引发无穷遐想和感慨，更以之与山中恬静清幽的生活景象两相对照，流露出厌倦官场生涯的情绪，表现出对幽静安乐的田园生活的向往。曲中将历史画面与山中情景极其巧妙地组合在一起，时空跳跃极大而又和谐贯通，古今对照鲜明生动而又融为一体，堪称情致深婉，余味无穷。

兴亡千古繁华梦，诗眼倦天涯[1]。孔林乔木[2]，吴宫蔓草[3]，楚庙寒鸦[4]。数间茅舍，藏书万卷，投老村家[5]。山中何事？松花酿酒，春

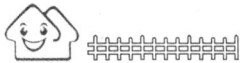

水煎茶。

【注释】

[1]诗眼:诗人的眼光,即诗人独具的观察力及艺术想象力。此句承接上句而来,上句着眼于时间(千古),此句着眼于空间(天涯),一个"倦"字,流露出作者的无限感伤。

[2]孔林:孔子及其后代的墓地,在今山东省曲阜市北郊。

[3]吴宫:吴国的宫殿。三国时吴国迁都建邺(今江苏南京市)。此句化用李白《登金陵凤凰台》"吴宫花草埋幽径,晋代衣冠成古丘"诗意。

[4]楚庙:楚国的宗庙。

[5]投老:投身到老,此句意谓在村中终老天年。

乔 吉

乔吉(1280？—1345)，又名乔吉甫，字梦符，号笙鹤翁，又号惺惺道人。太原(今属山西)人，后流寓杭州。一生穷困潦倒，未曾入仕，浪荡江湖，纵情诗酒。著有杂剧十一种，今存《两世姻缘》《扬州梦》《金钱记》三种，均写男女恋情。散曲与张可久齐名。今存小令200余首，套数11篇，其数量仅次于张可久。其散曲多为啸傲山水、纵情诗酒、青楼遣兴之作，间有不满现实的作品。其作曲辞工丽，讲究词藻和格律的锤炼，且又继承了前期曲作家质朴自然的传统。

双调·折桂令

自述

【解题】

读此曲，当可看到乔吉独特的个性——确是一位风流放荡的"江湖状元"。诗人傲岸不羁的性格，对功名富贵的蔑视，全通过其夸耀而自豪的表述显现无遗。毫不遮掩的自述，淋漓尽致的刻划，极为大胆的夸张，是本曲的鲜明特点。

华阳巾鹤氅蹁跹[1]，铁笛吹云，竹杖撑天。伴柳怪花妖，麟祥凤瑞，酒圣诗禅[2]。不应举江湖状元[3]，不思凡风月神仙[4]。断简残编，翰墨云烟，香满山川[5]。

【注释】

[1]华阳巾:道士所戴的头巾。鹤氅:羽毛所制的外衣,亦为道士的装束,氅,音"厂"。蹁跹,无拘无束的样子。

[2]伴柳怪三句:意为自己长期与花柳、麟凤、诗酒为友。柳怪花妖,指代歌妓;麟凤,指代不同寻常的异人;酒圣诗禅,指代酒朋诗友。

[3]不应举句:不愿参加科举考试博取功名,凭着自己的满腹才华浪迹江湖,自当是"江湖状元"。

[4]不思凡句:意为不想象世俗之人一般追名逐利,甘愿在风月场中过着神仙一般逍遥自在的生活。风月,指代男女之情。

[5]断简残编三句:这是作者以夸张之语炫耀自己的作品。断简残编,本指前人遗留下来的值得珍视的作品。

中吕·满庭芳

渔父词

【解题】

　　乔吉同题的《渔父词》有二十首,均是借描写渔父生活表现其对功名富贵的厌弃。此为其中之一。此曲写的是作者与友人们钓罢归来的秋夜景色。景物描写的生动自不消说,作者超然物外、淡泊名利的情怀亦溢于字里行间,更妙的是将"水云乡浪静风恬"与"是非海天惊地险"两相对照,有力地抨击了元代黑暗现实的险恶。

　　轻鸥数点,寒蒲猎猎[1],秋水厌厌[2]。五湖烟景由人占,有甚防嫌。

是非海天惊地险[3]，水云乡浪静风恬。村醪酽[4]，歌声冉冉，明月在山尖。

【注释】

[1]猎猎：风吹草木发出的声音。

[2]厌厌：即恹恹，安静貌。此句指湖水平静。

[3]是非海：指宦海风波险恶万分，名利场中勾心斗角，常常是非颠倒，黑白混淆，令人不寒而栗。

[4]村醪酽：山乡人家自酿的浊酒味道也很浓厚。醪，音"劳"。酽，音"厌"。

中国历代词、曲精品秀

张养浩

张养浩(1270—1329),字希孟,号云庄,济南(今属山东)人。初为东平学正,后拜监察御史。直言敢谏,曾遭构陷罢官。复起后,因感宦海险恶,遂弃官归隐。文宗天历二年(1329 年),关中大旱,被召为陕西行台中丞,出赈饥民,勤于公事,死于任所。有《云庄休居自适小乐府》。今存小令 160余首,套数 2 篇。其作或写仕途险恶,或写田园之乐,或写人民疾苦。随内容之不同,其散曲艺术亦呈现出不同风貌。

中吕·山坡羊

潼关怀古

【解题】

这支曲子是张养浩调任陕西行台中丞,赴任途中写的怀古曲子之一。潼关,是陕西的门户,秦汉以来称帝关中必争之地。作者由此怀念往事,回顾历史,得出了历代王朝兴亡变化,老百姓都是受苦受难的这样一个结论,对我们认识封建社会的历史有一定帮助。

峰峦如聚[1],波涛如怒[2],山河表里潼关路[3]。望西都[4],意踌躇[5],伤心秦汉经行处[6],宫阙万间都做了土[7]。兴,百姓苦;亡,百姓苦!

【注释】

[1]峰峦如聚:山峰像聚合似地连在一起。

[2]波涛如怒:波涛像发怒似的咆哮。潼关地处黄河南岸,故云。

[3]山河表里潼关路:潼关表里山河,非常险要。"表里山河",语出《左传》僖公二十八年。表:外。里:内。外是大河,内有高山,背山而河所以叫表里山河。

[4]西都:长安。遥望西都,想到了历代的兴亡变化。

[5]踌躇:要走不走的样子。意踌躇:心中犹豫。

[6]经行处:经过的地方。伤心秦汉经行处,是说经过秦汉以来战争的要地,感到伤怀。秦汉都建都长安,潼关是长安的门户,所以用秦汉代表在潼关地区进行战争的时代。

[7]宫阙:宫殿。阙:皇宫门前两边的楼。做了土:化为灰土,表示国家破灭。

明

王 磐

　　王磐(约1470—1530),字鸿渐,号西楼,江苏高邮人。明代散曲作家,有《西楼乐府》,现存七十多首。其中除了一些寄情山水反映没落思想的作品外,也有些作品反映了当时的现实,这支曲子是突出的一个例子。

朝天子·咏喇叭

【解题】

　　据蒋一葵《尧山堂外纪》卷六十八载:"正德间(1506—1521),阉寺(宦官)当权,往来河下者无虚日,每到辄吹号头,齐丁夫,民不堪命。王西楼有《咏喇叭·朝天子》。"说明这支曲子是有为而发的。当时正是大宦官刘瑾当权,大批宦官在各地盘税查矿,建厂树旗,官船所到之处,闹得闾里骚然,搜刮一空。地方官吏恶绅,也借势勒索,弄得民不聊生。因此老百姓和一些小官,一听到喇叭声,就感到大祸来临,万分愁怕。作者采用了象征性的咏物手法,以喇叭的"曲小腔大"来痛骂那些仰仗皇帝权势、作威作福的宦官,揭露了他们残害人民的罪恶,有助于我们认识明代中叶政治黑暗的情况。

　　喇叭,锁呐[1],曲儿小,腔儿大。官船来往乱如麻,全仗你抬身价。

军听了军愁,民听了民怕,那里去辨什么真和假^[2]！眼见得吹翻了这家,吹伤了那家,只吹得水尽鹅飞罢^[3]！

【注释】

[1]喇叭:即是锁呐,民间的管乐器。

[2]真:即是指奉旨盘税查矿的宦官。假:指地方上借此勒索人民的贪官恶绅。

[3]这是说民贼们所到之处,人民被洗劫一空,只有相率流亡。水尽鹅飞,是当时俗语。冯惟敏《耍孩儿·财神诉冤》里也有"水尽鹅飞六郡民"这样的话。

李开先

李开先(1502—1568),字伯华,号中麓,山东章丘人。嘉靖八年(1529年)进士,官至太常寺少卿,后因上疏抨击朝政,罢官家居。他擅长词曲诗文,和王慎中、唐顺之等并称为"嘉靖八才子"。家藏词、曲及戏曲作品很多,有"词山曲海"之称。创作很多散曲,其中以《傍妆台》百首最为有名;着有传奇《宝剑记》和院本《园林午梦》等。此外,辑录过明代戏曲史料,也评论过不少散曲和杂剧,还有诗文《闲居集》等。

南仙吕·傍妆台

【解题】

这首小令,先是描绘了作战环境的艰苦,渲染了边关将士气吞山河的气势,可是,破虏归来的将士并不是封侯赐爵,而是解甲归田。作品正在于通过这巨大的反差引发人的深思:统治者常常是刻薄寡恩的,为了使兔死狗烹的结局不发生在自己身上,激流勇退倒不失为全身之道。

曲弯弯,一轮残月照边关。恨来口吸尽黄河水,拳打碎贺兰山[1]。铁衣披雪浑身湿,宝剑飞霜扑面寒。驱兵去,破虏还,得偷闲处且偷闲。

【注释】

[1]贺兰山:在今宁夏西北边境和内蒙古接界处。

黄　峨

黄峨(1498—1569),字秀眉,四川遂宁人。杨慎之妻,杨慎谪云南后二年迎至贬所,后奔丧至新都,与丈夫分别达三十年。能诗词,散曲成就尤高,有《杨夫人乐府》。

双调·雁儿落带过得胜令[1]

【解题】

这首带过曲,描写妓女遭受冷落之后的心理活动,对甜蜜生活的回忆,使她更难以承受现在的被抛弃,于是决心去和破坏她幸福的"小贱才"等人斗一场。语言泼辣俏皮,形象生动逼真。

【雁儿落】俺也曾娇滴滴徘徊在兰麝房[2],俺也曾香馥馥绸缪在鲛绡帐[3]。俺也曾颤巍巍擎他在手掌儿中,俺也曾意悬悬阁他在心窝儿上。【得胜令】谁承望:忽剌剌金弹打鸳鸯[4],支楞楞瑶琴别凤凰[5]。我这里冷清清独守莺花寨[6],他那里笑吟吟相和鱼水乡[7]。难当,小贱才假莺莺的娇模样[8];休忙,老虔婆恶狠狠做一场[9]。

【注释】

[1]带过:即带过曲,小令的一种体式,小令本以一支为限,但也可用两支或三支曲调为一个单位,两个曲调间的韵律必须衔接,故名"带过曲"。
[2]兰麝房:贵夫人所居住的充满芳香的房子。兰与麝均为香料,古代贵族常涂于房中。

［3］鲛绡:相传为鲛人所织之绡。鲛人:传说中居于海底的怪人。

［4］忽剌剌:忽地里,突然。

［5］支楞楞:鸟类飞腾的声音。

［6］莺花寨:旧指妓院。

［7］鱼水乡:指男女欢会的场所。

［8］莺莺:此处指美丽而又端庄的少女。

［9］虔婆:此谓妓院的鸨母。

夏完淳

夏完淳(1631—1647),原名复,号存古,小隐,灵首等。华亭(今上海松江)人。夏允彝之子,陈子龙的学生。其气节和文章都深受其父和老师的影响。少年能文,十二岁"博极群书,为文千言立就,如风发泉涌"(王弘撰《夏孝子传》)。十四岁,从陈子龙起兵抗清;事败,入吴易军为参谋;又事败,屏居草野,仍谋重组义军,乃上书南明鲁王,鲁王遥授之中书舍人。此职唐代称为内史舍人,故世称夏完淳为夏内史。南明永历元年(清顺治四年,1647年),被捕不屈而死,年仅虚岁十七。清乾隆中叶通谥节湣。沈德潜《明诗别裁集》评道:"生为才人,死为雄鬼……诗格亦高古罕匹。"陈田《明诗纪事》记载,"存古诗,趋步陈黄门(子龙),年仅十七,当其合作,与黄门并难高下。赴义之时,语气纵横淋漓,读之令人悲歌起舞。"有《夏节湣全集》。

南仙吕入双调·江儿水

金陵杂咏

【解题】

这是夏完淳写于南京狱中的散曲,面对被敌人占领的祖国江山,诗人无限悲愤。诗人感情激越,慷慨悲歌,既表现了自己壮志难酬的遗恨,也为整个民族抒写了一曲千古悲歌。

望青烟一点,寂寞旧山河。晓角秋笳马上歌[1],黄花白草英雄路,闪得我对酒销魂可奈何[2]!荧荧灯火,新愁转多。暮暮朝朝泪,恰便是长江日夜波。

【注释】

[1]角:军中号角。

[2]闪:抛下,撇下。

图书在版编目(CIP)数据

中国历代词、曲精品秀 / 时存主编.—贵阳:贵州

人民出版社,2014.6(2021.3 重印)

ISBN 978 - 7 - 221 - 12095 - 3

Ⅰ.①中… Ⅱ.①时… Ⅲ.①词(文学)–作品集

–中国–古代②散曲–作品集–中国–古代

Ⅳ.①I222

中国版本图书馆 CIP 数据核字(2014)第 143568 号

中国历代词、曲精品秀

时 存 主编

出版发行	贵州出版集团 贵州人民出版社
地 址	贵阳市中华北路 289 号
责任编辑	徐 一
封面设计	连伟娟
印 刷	三河市腾飞印务有限公司
规 格	850mm×1168mm 1/16
字 数	180 千字
印 张	13.5
版 次	2014 年 7 月第 1 版
印 次	2021 年 3 月第 2 次印刷

书 号:ISBN 978 - 7 - 221 - 12095 - 3 定 价:35.00 元

"快乐阅读"书系首批书目

语文知识类

秒杀错别字

点到为止
　　——标点符号的正确使用

当心错读误义
　　——速记多音字

错词清道夫

巧学妙用汉语虚词

别乱点鸳鸯谱
　　——汉语关联词的准确搭配

似是而非惹的祸
　　——常见语病治疗

难乎？不难！
　　——古汉语与现代汉语句法比较

作文知识类

议论文三步上篮

说明文一传到位

快速格式化
　　——常见文体范例

数学知识类

情报保护神——密码

来自航海的启发——球面几何

骰子掷出的学问——概率

数据分析的基石——统计

文学导步类

中国诗歌入门寻味

中国戏剧入门寻味

中国小说入门寻味

中国散文入门寻味

中国民间文学入门寻味

文学欣赏类

中国历代诗歌精品秀

中国历代词、曲精品秀

中国历代散文精品秀

语言文化类

趣数汉语"万能"动词

个人修养类

中国名著甲乙丙

世界名著 ABC